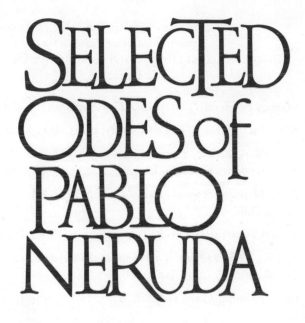

SELECTED ODES of PABLO NERUDA

LATIN AMERICAN LITERATURE AND CULTURE

General Editor
Roberto González Echevarría
Bass Professor of Hispanic and Comparative Literatures
Yale University

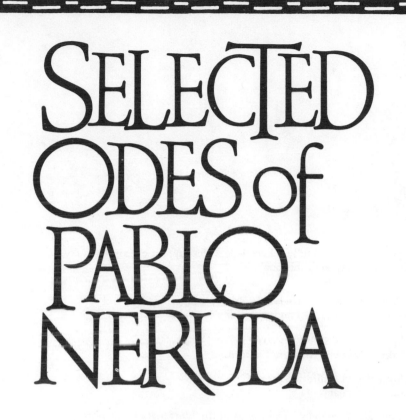

SELECTED ODES of PABLO NERUDA

Translated, with an Introduction by

MARGARET SAYERS PEDEN

UNIVERSITY OF CALIFORNIA PRESS

Berkeley   Los Angeles   London

The Publisher gratefully acknowledges the support of Joan Palevsky
in the publication of this book.

Selections from *Odes elementales*, *Nuevas odas elementales*, and
Tercer libro de odas, © Fundacion Pablo Neruda

University of California Press
Berkeley and Los Angeles, California

University of California Press
London, England

Library of Congress Cataloging-in-Publication Data

Neruda, Pablo, 1904–1973.
   [Poems. Selections]
   Selected odes / Pablo Neruda: translated, with introduction by
Margaret Sayers Peden.
      p.   cm.
   Translated from the Spanish.
   ISBN 0-520-22708-5 (alk. paper)
   1. Neruda, Pablo, 1904–1973—Translations, English.   I. Peden,
Margaret Sayers.   II. Title.
   PQ8097.N4A27   1990   90–10707
   861—dc20   CIP

Printed in the United States of America

09 08 07 06 05 04 03 02 01 00
9 8 7 6 5 4 3 2 1

The paper used in this publication is both acid-free and totally chlorine-free
(TCF). It meets the minimum requirements of ANSI/NISO Z39.48-1992
(R 1997) (*Permanence of Paper*). ∞

For the world's greatest GHB,
who knows who he is

Contents

Acknowledgments

The translation of these poems was made possible by support from two institutions whose continuing generosity make it possible for translators to translate, writers to write, and scholars to follow their research: the National Endowment for the Arts and the American Association of University Women. I am personally indebted for such assistance and, as a member of our society, eternally grateful for the gifts they bring us.

Some of these odes previously appeared in *Antaeus*, the *Missouri Review*, the *Massachusetts Review*, the *New Orleans Review*, and the *Paris Review*.

Translator's Introduction

Neruda's *Odas elementales* conform in large measure to the traditional concept of the ode. Most are long and lyrical. It has been demonstrated that although visually Neruda's innovative form seems quite different from classic verse, the lines naturally fall into time-honored seven- and eleven-syllable rhythms. Neruda reiterates the word *cantar* throughout the odes; he "sings" this poetry as odes were sung in ancient times. Exuberantly, his odes exalt their subject matter. But they are not characterized by an elevated style; it is here that the Neruda poem consciously differs from its prototype.

The Spanish qualifier *elemental* is equivalent in English to both "elemental" and "elementary." The poems sing of the elements and evoke nature. They praise fundamental and essential subjects. The belittling connotations of "elementary" are not appropriate when applied to the *Odas,* however. If Neruda had been an artist, one would say that his odes are too painterly to merit such a reading.

The *Odas elementales,* then, are and are not elemental/elementary odes. That which is counterode and countersimplism is precisely what creates the ironic tension that makes Neruda's odes unique within the genre.

Neruda's poetic career was characterized by continuous change. Like the onion that he praised as a "fairy god mother in delicate paper," one skin after another was peeled away to reveal a new and perfectly formed entity. Within this consistent pattern of inconsistency, the odes represent one of the most abrupt changes, contrasting vividly with the often hermetic, epic, and more formally complex poetry that preceded them. This was not as easily achieved as one might believe. Neruda once said, "I confess that to write with simplicity has been my most difficult undertaking." Questioned by Rita Guibert about having renounced the dark pessimism of his *Residencia* cycle, Neruda responded, "What I like is to change tones, seek out all possible sounds, pursue every color, and look for life forces wherever they may be." "As in the *Elemental Odes*?" his interviewer queried. "Chiefly in the *Elemental Odes,*" Neruda replied.

"My poetry became clear and happy when it branched off toward humbler subjects and things."

The odes glorify the ordinary and the everyday, with little or no bow toward transcendency or ontological inquiry. Here, perhaps more than in any other of Neruda's works, we see his "physical absorption of the world," his consciously antiintellectual manner of perceiving the reality about him. Each of the poems that open the three books of the *Odas elementales* (a fourth book entitled *Navegaciones y regresos* contains numerous odes interspersed with more conventional verse) makes clear his intent: "It will be you who decide / what is in them: / tomatoes / or deer / or cement" ("Odes for Everyone"); "So that everyone / may live here, / I build my house / with transparent / odes" ("The House of Odes"); "Give me / the daily / struggle, / because these things are my song" ("Invisible Man"). Love and brotherhood and nature will be his themes throughout the odes.

Not all of this was new, of course. Neruda had a long history of social consciousness. He had been deeply marked by the tragedy of the Spanish Civil War. His visit to Macchu Picchu in 1943 is widely credited as the source of a "social conversion" from which he emerged bearing an identification with the continent's Indian past and a compelling need to speak on behalf of all his "dead brothers." Similarly, as early as the *Residencia* cycle, Neruda had written odes, *cantos materiales,* in praise of natural objects. His love of nation and continent was expressed in *Canto general,* in which he had explored the history, geography, and heroes of the New World. His love poems are what first brought him fame, and they are recited by lovers today. What makes the old new in the odes is Neruda's recognition that if he is to champion the common man, he must write in a manner that is accessible to him.

To effect this new commitment, Neruda adopted (invented) a new form, a sinuous, brief line that leaves more white space than print on the page. The fact that the *Odas* were initially intended to be published serially in newspapers—a format highly inappropriate for these long thin poems that cannibalize space—and the fact that he retained the form through several collections speaks to Neruda's strong conceptualization of his new poetry.

Along with form and rededication to social and political responsibility, the most salient feature of the *Odas* is their tone of affirmation and celebration. Critics have rightly referred to the "luminous" Neruda of the *Odas elementales.* Since his sense of social responsibility and his devotion to nation and continent are not new, I can only conclude that the good humor, the satisfaction, that permeates these volumes is a result of the new phase of Neruda's relationship with Matilde Urrutia. Neruda

and she had pursued a clandestine affair since the late 1940s, but his sep-
aration from Delia Carril and his subsequent marriage to Urrutia coin-
cides with the publication of the *Odas*.

I never met Neruda. I knew him first through his poetry and his
legend. As I began to translate the odes, I read all available criticism of
his work, interviews, and newspaper accounts and listened to all avail-
able recordings of his poetry readings. In 1982 I had the opportunity to
travel to Chile. There I gained invaluable insights into the poems
through the people, the geography, and the plants and animals of Chile;
through Neruda's home at Isla Negra, almost a second persona; and,
finally, through meeting his beloved Matilde.

In translating the odes, I have attempted to follow four command-
ments: (1) respect simplicity; (2) respect sound; (3) respect sense; and
(4) respect shape. It seems patently apparent that an English translation
of the odes should attempt to re-create the simplicity of their lexical and
rhetorical level—always remembering that we are speaking of simplicity
primarily as lack of ornamentation or embellishment. This has not al-
ways been the approach. Metaphor/simile and syntax are sophisticated,
if subtle, tempting the translator toward a poetic language more florid
than that of the original. Cognates are a dangerous snare as they are usu-
ally Latinate words that lend an elevated tone to the English which is
not present in Spanish. A rare scientific or technical word stands out in
the original and should, I believe, be preserved. Finally, certain words
in Neruda's vocabulary have private connotations: "corolla" is a good
example; in the odes, it may refer to a starfish, the sun, or a daisy. I began
by giving those words their specific meaning within the context. Farther
into the translation, I returned and restored "corolla" throughout.

"Respect sound" may be the most difficult of all commandments,
especially in poetry. I believe that given sufficient words, anything spo-
ken or written in one language can be *explained* in a second. I am less
sanguine about the possibility that everything can be *translated*. When
asked which language was best suited for translating his work, Neruda
immediately replied Italian, because in that language "sound helps reflect
the sense." The odes are very musical poems. There is little a translator
can do about lost sound values except to listen constantly and to try as
nearly as possible to re-create those sounds or to substitute a similar series
of resonances.

In some ways, "respect meaning" should come before any other com-
mandment. While one may often be tempted to tip the scale toward
musicality, many of the odes are mini-narratives—some diatribes; some
propaganda; some declarations of love, or scorn. Even those that recount

an instantaneous experience or emotion, "tell." Content is important, and it is the translator's obligation to render that telling as accurately as possible.

With regard to the final commandment, "respect shape," the physical arrangement of the odes is their most immediately perceptible feature. Even before they are read, the eye identifies on the page the uniqueness of the form. It is distinctive and should be preserved. One critic described Neruda's odic line as "sinuous and vertical, recalling spirals of smoke, slim stalks of celery, or branches of the lemon tree." Another saw the poem as "a river of print flowing down the page." Both descriptions are perceptive in their evocation of the *physical* space the poem creates.

Neruda greatly admired the sixteenth-century Spanish poet Alonso de Ercilla, author of *La Araucana*. "Chile," Neruda said, referring to Ercilla, "was invented by a poet." In *Passions and Impressions,* he wrote, "Our birds, plants and waters, our customs and ceremonies, languages and race, arrows and aromas, snows and tides—all these things were given name, finally, in *La Araucana*." Neruda believed that that obligation—and privilege—to name and define had not changed in three centuries. When he accepted the Nobel Prize in 1971, Neruda said, "We [writers from the vast expanse of America] are called upon to fill with words the confines of a mute continent, and we become drunk with the task of telling and naming." Not consciously, I believe, but intuitively, and drunk with his poet's obligation, Neruda transported the physical contours of Chile to the printed page. The jagged length of the land bounded by mountains and sea was filled with his words. A modern-day Ercilla, Neruda invents contemporary Chilean reality—*his* reality—in the *Elemental Odes*.

I
ELEMENTAL ODES

EL HOMBRE INVISIBLE

Yo me río,
me sonrío
de los viejos poetas,
yo adoro toda
la poesía escrita,
todo el rocío,
luna, diamante, gota
de plata sumergida,
que fue mi antiguo hermano,
agregando a la rosa,
pero
me sonrío,
siempre dicen "yo",
a cada paso
les sucede algo,
es siempre "yo",
por las calles
sólo ellos andan
o la dulce que aman,
nadie más,
no pasan pescadores,
ni libreros,
no pasan albañiles,
nadie se cae
de un andamio,
nadie sufre,
nadie ama,
sólo mi pobre hermano,
el poeta,
a él le pasan
todas las cosas
y a su dulce querida,
nadie vive
sino él solo,
nadie llora de hambre
o de ira,

THE INVISIBLE MAN

I laugh,
I smile
at the old poets,
and love all the
poetry they wrote,
all the dew,
moon, diamond, drops
of submerged silver
with which my elder brother
adorned the rose;
but
I smile;
they always say "I,"
at every turn
something happens,
it's always "I,"
only they or
the dear heart they love
walk through the streets,
only they,
no fishermen pass by,
or booksellers,
no masons pass by,
no one falls
from a scaffolding,
no one suffers,
no one loves,
except my poor brother,
the poet,
everything happens
to him
and to his dear beloved,
no one lives
but him, him alone,
no one weeps from hunger
or from anger,

nadie sufre en sus versos
porque no puede
pagar el alquiler,
a nadie en poesía
echan a la calle
con camas y con sillas
y en las fábricas
tampoco pasa nada,
no pasa nada,
se hacen paraguas, copas,
armas, locomotoras,
se extraen minerales
rascando el infierno,
hay huelga,
vienen soldados,
disparan,
disparan contra el pueblo,
es decir,
contra la poesía,
y mi hermano
el poeta
estaba enamorado,
o sufría
porque sus sentimientos
son marinos,
ama los puertos
remotos, por sus nombres,
y escribe sobre océanos
que no conoce,
junto a la vida, repleta
como el maíz de granos,
él pasa sin saber
desgranarla,
él sube y baja
sin tocar la tierra,
o a veces
se siente profundísimo
y tenebroso,
él es tan grande

in his poems no one suffers
because he can't
pay the rent,
in poetry no one
is ever thrown into the street
with all his furniture,
and nothing happens
in the factories,
no, nothing,
umbrellas and goblets are manufactured,
weapons and locomotives,
ores are mined
by scraping hell,
there is a strike,
soldiers come
and fire,
they fire against the people,
which is to say,
against poetry,
but my brother
the poet
was in love,
or was suffering
because all his emotion
is for the sea,
he loves remote ports
for their names,
and he writes about oceans
he doesn't know,
when life is as full
as an ear of corn with grain
he passes by, never knowing
how to harvest it,
he rides the waves
without ever touching land,
and, occasionally,
he is profoundly moved
and melancholy,
he is too big

que no cabe en sí mismo,
se enreda y desenreda,
se declara maldito,
lleva con gran dificultad la cruz
de las tinieblas,
piensa que es diferente
a todo el mundo,
todos los días come pan
pero no ha visto nunca
un panadero
ni ha entrado a un sindicato
de panificadores,
y así mi pobre hermano
se hace oscuro,
se tuerce y se retuerce
y se halla
interesante,
interesante,
ésta es la palabra,
yo no soy superior
a mi hermano
pero sonrío,
porque voy por las calles
y sólo yo no existo,
la vida corre
como todos los ríos,
yo soy el único
invisible,
no hay misteriosas sombras,
no hay tinieblas,
todo el mundo me habla,
me quieren contar cosas,
me hablan de sus parientes,
de sus miserias
y de sus alegrías,
todos pasan y todos
me dicen algo,
y cuántas cosas hacen!
cortan maderas,

to fit inside his skin,
he gets tangled and untangles himself,
he declares he is maudit,
with great difficulty he carries the cross
of darkness,
he believes that he is different from
anyone else in the world,
he eats bread every day
but he's never seen a
baker
or gone to a meeting
of a bakers' union,
and so my poor brother
is deliberately dark,
he twists and writhes
and finds himself
interesting,
interesting,
that's the word,
I am no better
than my brother,
but I smile,
because when I walk through the streets
—the only one who does not exist—
life flows around me
like rivers,
I am the only one
who is invisible,
no mysterious shadows,
no gloom and darkness,
everyone speaks to me,
everyone wants to tell me things,
to talk about their relatives,
their misery and
their joy,
everyone passes by, and everyone
tells me something,
look at all the things they do!
They cut wood,

suben hilos eléctricos,
amasan hasta tarde en la noche
el pan de cada día,
con una lanza de hierro
perforan las entrañas
de la tierra
y convierten el hierro
en cerraduras,
suben al cielo y llevan
cartas, sollozos, besos,
en cada puerta
hay alguien,
nace alguno,
o me espera la que amo,
y yo paso y las cosas
me piden que las cante,
yo no tengo tiempo,
debo pensar en todo,
debo volver a casa,
pasar al Partido,
qué puedo hacer,
todo me pide
que hable,
todo me pide
que cante y cante siempre,
todo está lleno
de sueños y sonidos,
la vida es una caja
llena de cantos, se abre
y vuela y viene
una bandada
de pájaros
que quieren contarme algo
descansando en mis hombros,
la vida es una lucha
como un río que avanza
y los hombres
quieren decirme,
decirte,

string electric lines,
bake bread late into the night,
our daily bread,
with an iron pick
they pierce the entrails
of the earth
and convert the iron
into locks,
they climb into the sky and
carry letters and sobs and kisses,
someone is standing
in every doorway,
someone is being born,
or the one I love is waiting for me,
and as I walk by, things
ask me to sing them,
but I haven't time,
I must think about everything,
I must go home,
go by the Party office;
what can I do,
everything asks me
to speak,
everything asks me
to sing, sing forever,
everything is saturated with
dreams and sound,
life is a box
filled with songs, the box opens
and a flock
of birds
flies out
and wants to tell me something,
perching on my shoulders,
life is a struggle,
like an advancing river,
and men
want to tell me,
tell you,

por qué luchan,
si mueren,
por qué mueren,
y yo paso y no tengo
tiempo para tantas vidas,
yo quiero
que todos vivan
en mi vida
y canten en mi canto,
yo no tengo importancia,
no tengo tiempo
para mis asuntos,
de noche y de día
debo anotar lo que pasa,
y no olvidar a nadie.
Es verdad que de pronto
me fatigo
y miro las estrellas,
me tiendo en el pasto, pasa
un insecto color de violín,
pongo el brazo
sobre un pequeño seno
o bajo la cintura
de la dulce que amo,
y miro el terciopelo
duro
de la noche que tiembla
con sus constelaciones congeladas,
entonces
siento subir a mi alma
la ola de los misterios,
la infancia,
el llanto en los rincones,
la adolescencia triste,
y me da sueño,
y duermo
como un manzano,
me quedo dormido
de inmediato

why they struggle,
and, if they die,
why they die,
and I walk by and I haven't
time for so many lives,
I want
them all to live
through my life,
to sing through my song,
I am not important,
I have no time
for my own affairs,
night and day
I must write down what's happening,
not forgetting anyone.
It's true that suddenly
I get tired,
I look at the stars,
I lie down in the grass, an insect
the color of a violin goes by,
I place my arm across
a small breast
or beneath the waist
of the woman I love,
and I look at the hard
velvet
of the night trembling
with frozen constellations,
then
I feel a wave of mysteries
rising in my soul,
childhood,
weeping in corners,
melancholy adolescence,
I feel sleepy
and I sleep
like a log,
I am immediately
asleep,

con las estrellas o sin las estrellas,
con mi amor o sin ella,
y cuando me levanto
se fue la noche,
la calle ha despertado antes que yo,
a su trabajo
van las muchachas pobres,
los pescadores vuelven
del océano,
los mineros
van con zapatos nuevos
entrando en la mina,
todo vive,
todos pasan,
andan apresurados,
y yo tengo apenas tiempo
para vestirme,
yo tengo que correr:
ninguno puede
pasar sin que yo sepa
adónde va, qué cosa
le ha sucedido.
No puedo
sin la vida vivir,
sin el hombre ser hombre
y corro y veo y oigo
y canto,
las estrellas no tienen
nada que ver conmigo,
la soledad no tiene
flor ni fruto.
Dadme para mi vida
todas las vidas,
dadme todo el dolor
de todo el mundo,
yo voy a transformarlo
en esperanza.
Dadme
todas las alegrías,

with or without the stars,
with or without my love,
and when I get up
the night is gone,
the street has awakened before me,
the poor girls of the neighborhood
are on their way to work,
fishermen are returning
from the sea,
miners
in new shoes
are going down into the mines,
everything's alive,
everyone's
hurrying to and fro,
and I scarcely have time
to get into my clothes,
I must run:
no one must
pass by without my knowing
where he's going,
what he's doing.
I cannot live
without life,
without man's being man,
and I run and look and listen
and sing,
stars have nothing
to do with me,
solitude bears no flowers,
no fruit.
For my life, give me
all lives,
give me all the sorrow
of all the world
and I will transform it
into hope.
Give me
all the joys,

aun las más secretas,
porque si así no fuera,
¿cómo van a saberse?
Yo tengo que contarlas,
dadme
las luchas
de cada día
porque ellas son mi canto,
y así andaremos juntos,
codo a codo,
todos los hombres,
mi canto los reúne:
el canto del hombre invisible
que canta con todos los hombres.

ODA A LA ALCACHOFA

La alcachofa
de tierno corazón
se vistió de guerrero,
erecta, construyó
una pequeña cúpula,
se mantuvo
impermeable
bajo
sus escamas,
a su lado,
los vegetales locos
se encresparon,
se hicieron
zarcillos, espadañas,
bulbos conmovedores,
en el subsuelo
durmió la zanahoria
de bigotes rojos,
la viña

even the most secret,
for if not,
how will they be known?
I must tell of them,
give me
the daily
struggle,
because these things are my song,
and so we will go together,
shoulder to shoulder,
all men,
my song unites them:
the song of the invisible man
who sings with all men.

ODE TO AN ARTICHOKE

The tender-
hearted artichoke
dressed in its armor,
built its modest cupola
and stood
erect,
impenetrable
beneath
a lamina of leaves.
Around it,
maddened vegetables,
ruffling their leaves,
contrived
creepers, cattails,
bulbs and tubers to astound;
beneath the ground
slept
the red-whiskered carrot;
above, the grapevine

resecó los sarmientos
por donde sube el vino,
la col
se dedicó
a probarse faldas,
el orégano
a perfumar el mundo,
y la dulce
alcachofa
allí en el huerto,
vestida de guerrero,
bruñida
como una granada,
orgullosa,
y un día
una con otra
en grandes cestos
de mimbre, caminó
por el mercado
a realizar su sueño:
la milicia.
En hileras
nunca fue tan marcial
como en la feria,
los hombres
entre las legumbres
con sus camisas blancas
eran
mariscales
de las alcachofas,
las filas apretadas,
las voces de comando,
y la detonación
de una caja que cae,
pero
entonces
viene
María
con su cesto,

dried its runners,
bearers of the wine;
the cabbage
preened itself,
arranging its flounces;
oregano
perfumed the world,
while the gentle
artichoke
stood proudly in the garden,
clad in armor
burnished
to a pomegranate
glow.
And then one day,
with all the other artichokes
in willow baskets,
our artichoke
set out to market
to realize its dream:
life as a soldier.
Amid the ranks
never was it so martial
as in the fair,
white-shirted
men
among the greens
marshaled
the field
of artichokes;
close formations,
shouted commands,
and the detonation
of a falling crate.
But
look,
here comes
Maria
with her shopping basket.

escoge
una alcachofa,
no le teme,
la examina, la observa
contra la luz como si fuera un huevo,
la compra,
la confunde
en su bolsa
con un par de zapatos,
con un repollo y una
botella
de vinagre
hasta
que entrando a la cocina
la sumerge en la olla.
Así termina
en paz
esta carrera
del vegetal armado
que se llama alcachofa,
luego
escama por escama
desvestimos
la delicia
y comemos
la pacífica pasta
de su corazón verde.

ODA A LAS AMÉRICAS

Américas purísimas,
tierras que los océanos
guardaron
intactas y purpúreas,
siglos de colmenares silenciosos,
pirámides, vasijas,

Unintimidated,
she selects
our artichoke,
examines it, holds it to
the light as if it were an egg;
she buys it,
she drops it
in a shopping bag
that holds a pair of shoes,
a cabbage head, and one
bottle
of vinegar.
Once home
and in the kitchen
she drowns it in a pot.
And thus ends
in peace
the saga
of the armored vegetable
we call the artichoke,
as
leaf by leaf
we unsheathe
its delights
and eat
the peaceable flesh
of its green heart.

ODE TO THE AMERICAS

Oh, pure Americas,
ocean-guarded lands
kept
purple and intact,
centuries of silent apiaries,
pyramids and earthen vessels,

ríos de ensangrentadas mariposas,
volcanes amarillos
y razas de silencio,
formadoras de cántaros,
labradoras de piedra.

Y hoy, Paraguay, turquesa
fluvial, rosa enterrada,
te convertiste en cárcel.
Perú, pecho del mundo,
corona
de las águilas,
existes?
Venezuela, Colombia,
no se oyen
vuestras bocas felices.
Dónde ha partido el coro
de plata matutina?
Sólo los pájaros
de antigua vestidura,
sólo las cataratas
mantienen su diadema.
La cárcel ha extendido
sus barrotes.
En el húmedo reino
del fuego y la esmeralda,
entre
los ríos paternales,
cada día
sube un mandón y con su sable corta
hipoteca y remata tu tesoro.
Se abre la cacería
del hermano.
Suenan tiros perdidos en los puertos.
Llegan de Pennsylvania
los expertos,
los nuevos
conquistadores,
mientras tanto

rivers of bloodstained butterflies,
yellow volcanos
and silent peoples,
shapers of pitchers,
workers of stone.

Today, Paraguay, water-formed
turquoise, buried rose,
you have become a prison.
Peru, heart of the world,
eagles'
aerie,
are you alive?
Venezuela, Colombia,
no one hears
your happy voices.
What has become of
your silvery morning chorus?
Only the birds
of ancient plumage,
only the waterfalls,
display their diadems.
Prison bars have
multiplied.
In the humid kingdom of
fire and emerald,
between
paternal rivers,
each day
a new despot arises and with his saber
lops off mortgages and auctions your treasure.
Brother begins
to hunt brother.
Stray shots sound in the ports.
Experts arrive
from Pennsylvania,
the new
conquistadors,
meanwhile,

nuestra sangre
alimenta
las pútridas
plantaciones o minas subterráneas,
los dólares resbalan
y
nuestras locas muchachas
se descaderan aprendiendo el baile
de los orangutanes.
Américas purísimas,
sagrados territorios,
qué tristeza!
Muere un Machado y un Batista nace.
Permanece un Trujillo.
Tanto espacio
de libertad silvestre,
Américas,
tanta
pureza, agua
de océano,
pampas de soledad, vertiginosa
geografía
para que se propaguen los minúsculos
negociantes de sangre.
Qué pasa?
Cómo puede
continuar el silencio
entrecortado
por sanguinarios loros
encaramados en las enramadas
de la codicia panamericana?
Américas heridas
por la más ancha espuma,
por los felices mares
olorosos
a la pimienta de los archipiélagos,
Américas
oscuras,
inclinada

our blood
feeds
the putrid
plantations and the buried mines,
the dollars flow,
and
our silly young girls
slip a disk learning the dance
of the orangutan.
Oh, pure Americas,
sacred lands,
what sadness!
A Machado dies and a Batista is born.
A Trujillo remains in power.
So much room
for sylvan freedom,
Americas,
so much
purity, ocean
waters,
solitary pampas, dizzying
geography, why do
insignificant blood merchants
breed and multiply?
What is happening?
How can the
silence continue
interrupted
by bloodthirsty parrots
perched in the branches
of Pan-American greed?
Americas, assailed
by broadest expanse of foam,
by felicitous seas
redolent
of the pepper of the archipelagos,
dark
Americas,
in our orbit

hacia nosotros surge
la estrella de los pueblos,
nacen héroes, se cubren
de victoria
otros caminos,
existen otra vez
viejas naciones,
en la luz más radiante
se traspasa el otoño,
el viento se estremece
con las nuevas banderas.
Que tu voz y tus hechos,
América,
se desprendan
de tu cintura verde,
termine
tu amor encarcelado,
restaures el decoro
que te dio nacimiento
y eleves tus espigas sosteniendo
con otros pueblos
la irresistible aurora.

ODA AL ÁTOMO

Pequeñísima
estrella,
parecías
para siempre
enterrada
en el metal: oculto,
tu diabólico
fuego.
Un día
golpearon
en la puerta

the star of the people
is rising,
heroes are being born,
new paths being garlanded
with victory,
the ancient nations
live again,
autumn passes
in the most radiant light,
new flags
flutter on the wind.
May your voice and your deeds,
America,
rise free from your
green girdle,
may there be an end
to love imprisoned,
may your native dignity
be restored,
may your grain rise toward the sky
awaiting with other nations
the inevitable dawn.

ODE TO THE ATOM

Infinitesimal
star,
you seemed
forever
buried
in metal, hidden,
your diabolic
fire.
One day
someone knocked
at your tiny

minúscula:
era el hombre.
Con una
descarga
te desencadenaron,
viste el mundo,
saliste
por el día,
recorriste
ciudades,
tu gran fulgor llegaba
a iluminar las vidas,
eras
una fruta terrible,
de eléctrica hermosura,
venías
a apresurar las llamas
del estío,
y entonces
llegó
armado
con anteojos de tigre
y armadura,
con camisa cuadrada,
sulfúricos bigotes,
cola de puerco espín,
llegó el guerrero
y te sedujo:
duerme,
te dijo,
enróllate,
átomo, te pareces
a un dios griego,
a una primaveral
modista de París,
acuéstate
en mi uña,
entra en esta cajita,
y entonces

door:
it was man.
With one
explosion
he unchained you,
you saw the world,
you came out
into the daylight,
you traveled through
cities,
your great brilliance
illuminated lives,
you were a
terrible fruit
of electric beauty,
you came to
hasten the flames
of summer,
and then
wearing
a predator's eyeglasses,
armor,
and a checked shirt,
sporting sulfuric mustaches
and a prehensile tail,
came
the warrior
and seduced you:
sleep,
he told you,
curl up,
atom, you resemble
a Greek god,
a Parisian modiste
in springtime,
lie down here
on my fingernail,
climb into this little box,
and then

el guerrero
te guardó en su chaleco
como si fueras sólo
píldora
norteamericana,
y viajó por el mundo
dejándote caer
en Hiroshima.

Despertamos.

La aurora
se había consumido.
Todos los pájaros
cayeron calcinados.
Un olor
de ataúd,
gas de las tumbas,
tronó por los espacios.
Subió horrenda
la forma del castigo
sobrehumano,
hongo sangriento, cúpula,
humareda,
espada
del infierno.
Subió quemante el aire
y se esparció la muerte
en ondas paralelas,
alcanzando
a la madre dormida
con su niño,
al pescador del río
y a los peces,
a la panadería
y a los panes,
al ingeniero
y a sus edificios,
todo

the warrior
put you in his jacket
as if you were nothing but
a North American
pill,
and he traveled through the world
and dropped you
on Hiroshima.

We awakened.

The dawn
had been consumed.
All the birds
burned to ashes.
An odor
of coffins,
gas from tombs,
thundered through space.
The shape of punishment arose,
hideous,
superhuman,
bloody mushroom, dome,
cloud of smoke,
sword
of hell.
Burning air arose,
spreading death
on parallel waves,
reaching
the mother sleeping
with her child,
the river fisherman
and the fish,
the bakery
and the bread,
the engineer
and his buildings;
everything

fue polvo
que mordía,
aire
asesino.

La ciudad
desmoronó sus últimos alvéolos,
cayó, cayó de pronto,
derribada,
podrida,
los hombres
fueron súbitos leprosos,
tomaban
la mano de sus hijos
y la pequeña mano
se quedaba en sus manos.
Así, de tu refugio,
del secreto
manto de piedra
en que el fuego dormía
te sacaron,
chispa enceguecedora,
luz rabiosa,
a destruir las vidas,
a perseguir lejanas existencias,
bajo el mar,
en el aire,
en las arenas,
en en último
recodo de los puertos,
a borrar
las semillas,
a asesinar los gérmenes,
a impedir la corola,
te destinaron, átomo,
a dejar arrasadas
las naciones,
a convertir el amor en negra pústula,

was acid
dust,
assassin
air.

The city
crumbled its last honeycombs
and fell, fell suddenly,
demolished,
rotten;
men
were instant lepers,
they took
their children's hand
and the little hand
fell off in theirs.
So, from your refuge
in the secret
mantle of stone
in which fire slept
they took you,
blinding spark,
raging light,
to destroy lives,
to threaten distant existences,
beneath the sea,
in the air,
on the sands,
in every twist and turn
of the ports,
to destroy
seeds,
to kill cells,
to stunt the corolla,
they destined you, atom,
to level
nations,
to turn love into a black pustule,

a quemar amontonados corazones
y aniquilar la sangre.

Oh chispa loca,
vuelve
a tu mortaja,
entiérrate
en tus mantos minerales,
vuelve a ser piedra ciega,
desoye a los bandidos,
colabora
tú, con la vida, con la agricultura,
suplanta los motores,
eleva la energía,
fecunda los planetas.
Ya no tienes
secreto,
camina
entre los hombres
sin máscara
terrible,
apresurando el paso
y extendiendo
los pasos de los frutos.
separando
montañas,
enderezando ríos,
fecundando,
átomo,
desbordada
copa
cósmica,
vuelve
a la paz del racimo,
a la velocidad de la alegría,
vuelve al recinto
de la naturaleza,
ponte a nuestro servicio,
y en vez de las cenizas

to burn heaped-up hearts
and annihilate blood.

Mad spark,
go back
to your shroud,
bury yourself
in your mineral mantle,
be blind stone once again,
ignore the outlaws,
and collaborate
with life, with growing things,
replace motors,
elevate energy,
fertilize planets.
You have no secret
now,
walk
among men
without your terrible
mask,
pick up your pace
and pace
the picking of the fruit,
parting
mountains,
straightening rivers,
making fertile,
atom,
overflowing
cosmic
cup,
return
to the peace of the vine,
to the velocity of joy,
return to the province
of nature,
place yourself at our service,
and instead of the fatal

mortales
de tu máscara,
en vez de los infiernos desatados
de tu cólera,
en vez de la amenaza
de tu terrible claridad, entréganos
tu sobrecogedora
rebeldía
para los cereales,
tu magnetismo desencadenado
para fundar la paz entre los hombres,
y así no será infierno
tu luz deslumbradora,
sino felicidad,
matutina esperanza,
contribución terrestre.

ODA A LAS AVES DE CHILE

Aves de Chile, de plumaje negro,
nacidas
entre la cordillera y las espumas,
aves hambrientas,
pájaros sombríos,
cernícalos, halcones,
águilas de las islas,
cóndores coronados por la nieve,
pomposos buitres enlutados,
devoradores de carroña,
dictadores del cielo,
aves amargas,
buscadoras de sangre,
nutridas con serpientes,
ladronas,
brujas del monte,
sangrientas

ashes
of your mask,
instead of the unleashed infernos
of your wrath,
instead of the menace
of your terrible light, deliver to us
your amazing
rebelliousness
for our grain,
your unchained magnetism
to found peace among men,
and then your dazzling light
will be happiness,
not hell,
hope of morning,
gift to earth.

ODE TO THE BIRDS OF CHILE

Black-feathered birds of Chile,
born
between foam and cordillera,
hungry birds,
somber birds,
hawks and falcons,
island eagles,
snow-crowned condors,
pompous, funereal vultures,
carrion gorgers,
dictators of the sky,
bitter birds,
blood hunters,
snake eaters,
thieves,
mountain witches,
bloodthirsty

majestades,
admiro
vuestro vuelo.
Largo rato interrogo
al espacio extendido
buscando el movimiento
de las alas:
allí estáis,
naves negras
de aterradora altura,
silenciosas estirpes
asesinas,
estrellas sanguinarias.
En la costa
la espuma sube al ala.
Ácida luz
salpica
el vuelo
de las aves marinas,
rozando el agua cruzan
migratorias,
cierran de pronto
el vuelo
y caen como flechas
sobre el volumen verde.

Yo navegué sin tregua
las orillas,
el desdentado litoral, la calle
entre las islas
del océano,
el grande mar Pacífico,
rosal azul de pétalos rabiosos,
y en el Golfo de Penas
el cielo
y el albatros,
la soledad del aire y su medida,
la ola negra del cielo.
Más allá,

majesties,
I marvel
at your flight.
Long hours I scan
the vast sky
searching for the motion
of your wings:
I see you,
black birds
of alarming altitudes,
silent breed,
murderers,
sanguinary stars.
Along the coast
foam takes wing.
Acid light
spatters
the flight
of migrating seabirds
skimming
the surface of the water;
suddenly they close
formation
and fall like arrows
upon voluminous green.

Tirelessly I navigated
the shorelines,
the toothless littoral, the street
between the islands
of the ocean,
the great Pacific sea,
blue rosebush of raging petals,
and in the Golfo de Penas
the sky
and the albatross,
the solitude of air and its vastness,
the black wave of the sky.
Ahead,

sacudido
por olas y por alas,
cormoranes,
gaviotas y piqueros,
el océano vuela,
las abruptas
rocas golpeadas por el mar se mueven
palpitantes de pájaros,
se desborda la luz, el crecimiento,
atraviesa los mares hacia el norte
el vuelo de la vida.

Pero no sólo mares
o tempestuosas
cordilleras andinas
procreadoras
de pájaros terribles
eres,
oh delicada patria mía:
entre tus brazos verdes
se deslizan
las diucas matutinas,
van a misa
vestidas con sus mantos diminutos,
tordos ceremoniales
y metálicos loros,
el minúsculo
siete colores de los pajonales,
el queltehue
que al elevar el vuelo
despliega su abanico
de nieve blanca y negra,
el canastero y el matacaballo,
el fringilo dorado,
el jacamar y el huilque,
la torcaza,
el chincol y el chirigue,
la tenca cristalina,
el zorzal suave,

shaken
by waves and wings,
cormorants,
gulls and pikemen,
the ocean takes wing,
steep rocks,
pounded by the sea, stir,
beating with birds,
light overflows, swells,
the flight of life
crosses the seas to the north.

But, my delicate land,
you are
more than seas
and stormy
Andean cordilleras,
begetters
of terrible birds;
through your green branches
in early morning
slip finches
in diminutive robes
on their way to mass,
ceremonial starlings
and metallic parrots pass,
the tiny
tanager of the harvested fields,
the *queltehue*
that rising in flight
unfolds a fan
of snowy white and black,
the weaverbird and ani-cuckoo,
the golden bunting,
the jacamar, the *huilque,*
the ringdove,
crown sparrow and *chirigue,*
the crystalline mockingbird,
the dulcet thrush,

el jilguero que danza sobre el hilo
de la música pura,
el cisne austral, nave
de plata
y enlutado terciopelo,
la perdiz olorosa y el relámpago
de los fosforecentes picaflores.
En la suave cintura de mi patria,
entre las monarquías iracundas
del volcán y el océano,
aves de la dulzura,
tocáis el sol, el aire,
sois el temblor de un vuelo en el verano
del agua a mediodía,
rayos de luz violeta en la arboleda,
campanitas redondas,
pequeños aviadores polvorientos
que regresan del polen,
buzos en la espesura de la alfalfa.

Oh vivo vuelo!

Oh viviente hermosura!

Oh multitud del trino!

Aves de Chile, huracanadas
naves carniceras
o dulces y pequeñas
criaturas
de la flor y de las uvas,
vuestros nidos construyen
la fragante unidad del territorio:
vuestras vidas errantes
son el pueblo del cielo
que nos canta,
vuestro vuelo
reúne las estrellas de la patria.

the goldfinch dancing on a thread
of purest music,
the southern swan, ship
of silver
and mourning velvet,
the fragrant partridge and a flash
of phosphorescent hummingbird.
In the soft girdle of my country,
between wrathful monarchies
of volcano and sea,
sweet, gentle birds,
you touch the sun, the sky,
you are the tremor of a summer flight
from water to midday,
rays of violet in the woodland,
tiny round bells,
small, homebound aviators
dusted with pollen,
deep-sea divers in densest alfalfa.

Vivid flight!

Living beauty!

Multitude of song!

Birds of Chile, hurricanes,
carnivorous birdships
or sweet, small
creatures
of flower and grape,
your nests structure
the fragrant unity of the land:
your winging lives
compose the nation of the sky
and sing to us,
your flight
unites my country's stars.

ODA AL CALDILLO DE CONGRIO

En el mar
tormentoso
de Chile
vive el rosado congrio,
gigante anguila
de nevada carne.
Y en las ollas
chilenas,
en la costa,
nació el caldillo
grávido y suculento,
provechoso.
Lleven a la cocina
el congrio desollado,
su piel manchada cede
como un guante
y al descubierto queda
entonces
el racimo del mar,
el congrio tierno
reluce
ya desnudo,
preparado
para nuestro apetito.
Ahora
recoges
ajos,
acaricia primero
ese marfil
precioso,
huele
su fragancia iracunda,
entonces
deja el ajo picado
caer con la cebolla
y el tomate

ODE TO CONGER CHOWDER

In the storm-tossed
Chilean
sea
lives the rosy conger,
giant eel
of snowy flesh.
And in Chilean
stewpots,
along the coast,
was born the chowder,
thick and succulent,
a boon to man.
You bring the conger, skinned,
to the kitchen
(its mottled skin slips off
like a glove,
leaving the
grape of the sea
exposed to the world),
naked,
the tender eel
glistens,
prepared
to serve our appetites.
Now
you take
garlic,
first, caress
that precious
ivory,
smell
its irate fragrance,
then
blend the minced garlic
with onion
and tomato

hasta que la cebolla
tengo color de oro.
Mientras tanto
se cuecen
con el vapor
los regios
camarones marinos
y cuando ya llegaron
a su punto,
cuando cuajó el sabor
en una salsa
formada por el jugo
del océano
y por el agua clara
que desprendió la luz de la cebolla,
entonces
que entre el congrio
y se sumerja en gloria,
que en la olla
se aceite,
se contraiga y se impregne.
Ya sólo es necesario
dejar en el manjar
caer la crema
como una rosa espesa,
y al fuego
lentamente
entregar el tesoro
hasta que en el caldillo
se calienten
las esencias de Chile,
y a la mesa
lleguen recién casados
los sabores
del mar y de la tierra
para que en ese plato
tú conozcas el cielo.

until the onion
is the color of gold.
Meanwhile
steam
our regal
ocean prawns,
and when
they are
tender,
when the savor is
set in a sauce
combining the liquors
of the ocean
and the clear water
released from the light of the onion,
then
you add the eel
that it may be immersed in glory,
that it may steep in the oils
of the pot,
shrink and be saturated.
Now all that remains is to
drop a dollop of cream
into the concoction,
a heavy rose,
then slowly
deliver
the treasure to the flame,
until in the chowder
are warmed
the essences of Chile,
and to the table
come, newly wed,
the savors
of land and sea,
that in this dish
you may know heaven.

ODA A UNA CASTAÑA EN EL SUELO

Del follaje erizado
caíste
completa,
de madera pulida,
de lúcida caoba,
lista
como un violín que acaba
de nacer en la altura,
y cae
ofreciendo sus dones encerrados,
su escondida dulzura,
terminado en secreto
entre pájaros y hojas,
escuela de la forma,
linaje de la leña y de la harina,
instrumento ovalado
que guarda en su estructura
delicia intacta y rosa comestible.
En lo alto abandonaste
el erizado erizo
que entreabrió sus espinas
en la luz del castaño,
por esa partidura
viste el mundo,
pájaros
llenos de sílabas,
rocío
con estrellas,
y abajo
cabezas de muchachos
y muchachas,
hierbas que tiemblan sin reposo,
humo que sube y sube.
Te decidiste,
castaña,
y saltaste a la tierra,

ODE TO A CHESTNUT ON THE GROUND

From bristly foliage
you fell
complete,
polished wood,
gleaming mahogany,
as perfect
as a violin newly
born of the treetops,
that falling
offers its sealed-in gifts,
the hidden sweetness
that grew in secret
amid birds and leaves,
a model of form,
kin to wood and flour,
an oval instrument
that holds within it
intact delight, an edible rose.
In the heights you abandoned
the sea-urchin burr
that parted its spines
in the light of the chestnut tree;
through that slit
you glimpsed the world,
birds
bursting with syllables,
starry
dew,
below,
the heads of boys
and girls,
grasses stirring restlessly,
smoke rising, rising.
You made your decision,
chestnut,
and leaped to earth,

bruñida y preparada,
endurecida y suave
como un pequeño seno
de las islas de América.
Caíste
golpeando
el suelo
pero
nada pasó,
la hierba
siguió temblando, el viejo
castaño susurró como las bocas
de toda una arboleda,
cayó una hoja del otoño rojo,
firme siguieron trabajando
las horas en la tierra.
Porque eres
sólo
una semilla,
castaño, otoño, tierra,
agua, altura, silencio
prepararon el germen,
la harinosa espesura,
los párpados maternos
que abrirán enterrados,
de nuevo hacia la altura
la magnitud sencilla
de un follaje,
la oscura trama húmeda
de unas nuevas raíces,
las antiguas y nuevas dimensiones
de otro castaño en la tierra.

burnished and ready,
firm and smooth
as the small breasts
of the islands of America.
You fell,
you struck
the ground,
but
nothing happened,
the grass
still stirred, the old
chestnut sighed with the mouths
of a forest of trees,
a red leaf of autumn fell,
resolutely, the hours marched on
across the earth.
Because you are
only
a seed,
chestnut tree, autumn, earth,
water, heights, silence
prepared the germ,
the floury density,
the maternal eyelids
that buried will again
open toward the heights
the simple majesty
of foliage,
the dark damp plan
of new roots,
the ancient but new dimensions
of another chestnut tree in the earth.

ODA A LA CRÍTICA

Yo escribí cinco versos:
uno verde,
otro era un pan redondo,
el tercero una casa levantándose,
el cuarto era un anillo,
el quinto verso era
corto como un relámpago
y al escribirlo
me dejó en la razón su quemadura.

Y bien, los hombres,
las mujeres,
vinieron y tomaron
la sencilla materia,
brizna, viento, fulgor, barro, madera,
y con tan poca cosa
construyeron
paredes, pisos, sueños.
En una línea de mi poesía
secaron ropa al viento.
Comieron
mis palabras,
las guardaron
junto a la cabecera,
vivieron con un verso,
con la luz que salió de mi costado.
Entonces,
llegó un crítico mudo
y otro lleno de lenguas,
y otros, otros llegaron
ciegos o llenos de ojos,
elegantes algunos
como claveles con zapatos rojos,
otros estrictamente
vestidos de cadáveres,
algunos partidarios

ODE TO CRITICISM

I wrote five poems:
one was green,
another a round wheaten loaf,
the third was a house, abuilding,
the fourth a ring,
and the fifth was
brief as a lightning flash,
and as I wrote it,
it branded my reason.

Well, then, men
and women
came and took
my simple materials,
breeze, wind, radiance, clay, wood,
and with such ordinary things
constructed
walls, floors, and dreams.
On one line of my poetry
they hung out the wash to dry.
They ate my words
for dinner,
they kept them
by the head of their beds,
they lived with poetry,
with the light that escaped from my side.
Then
came a mute critic,
then another babbling tongues,
and others, many others, came,
some blind, some all-seeing,
some of them as elegant
as carnations with bright red shoes,
others as severely
clothed as corpses,
some were partisans

del rey y su elevada monarquía,
otros se habían
enredado en la frente
de Marx y pataleaban en su barba,
otros eran ingleses,
sencillamente ingleses,
y entre todos
se lanzaron
con dientes y cuchillos,
con diccionarios y otras armas negras,
con citas respetables,
se lanzaron
a disputar mi pobre poesía
a las sencillas gentes
que la amaban:
y la hicieron embudos,
la enrollaron,
la sujetaron con cien alfileres,
la cubrieron con polvo de esqueleto,
la llenaron de tinta,
la escupieron con suave
benignidad de gatos,
la destinaron a envolver relojes,
la protegieron y la condenaron,
le arrimaron petróleo,
le dedicaron húmedos tratados,
la cocieron con leche,
le agregaron pequeñas piedrecitas,
fueron borrándole vocales,
fueron matándole
sílabas y suspiros,
la arrugaron e hicieron
un pequeño paquete
que destinaron cuidadosamente
a sus desvanes, a sus cementerios,
luego
se retiraron uno a uno
enfurecidos hasta la locura
porque no fui bastante

of the king and his exalted monarchy,
others had been snared
in Marx's brow
and were kicking their feet in his beard,
some were English,
plain and simply English,
and among them
they set out
with tooth and knife,
with dictionaries and other dark weapons,
with venerable quotes,
they set out
to take my poor poetry
from the simple folk
who loved it.
They trapped and tricked it,
they rolled it in a scroll,
they secured it with a hundred pins,
they covered it with skeleton dust,
they drowned it in ink,
they spit on it with the suave
benignity of a cat,
they used it to wrap clocks,
they protected it and condemned it,
they stored it with crude oil,
they dedicated damp treatises to it,
they boiled it with milk,
they showered it with pebbles,
and in the process erased vowels from it,
their syllables and sighs
nearly killed it,
they crumbled it and tied it up in a
little package
they scrupulously addressed
to their attics and cemeteries,
then,
one by one, they retired,
enraged to the point of madness
because I wasn't

popular para ellos
o impregnados de dulce menosprecio
por mi ordinaria falta de tinieblas
se retiraron
todos
y entonces,
otra vez,
junto a mi poesía
volvieron a vivir
mujeres y hombres,
de nuevo
hicieron fuego,
construyeron casas,
comieron pan,
se repartieron la luz
y en el amor unieron
relámpago y anillo.
Y ahora,
perdonadme, señores,
que interrumpa este cuento
que les estoy contando
y me vaya a vivir
para siempre
con la gente sencilla.

ODA AL HILO

Este es el hilo
de la poesía.
Los hechos como ovejas
van cargados
de lana
negra
o blanca.
Llámalos y vendrán
prodigiosos rebaños,

popular enough for them,
or saturated with mild contempt
for my customary lack of shadows,
they left,
all of them,
and then,
once again,
men and women
came to live
with my poetry,
once again
they lighted fires,
built houses,
broke bread,
they shared the light
and in love joined
the lightning flash and the ring.
And now,
gentlemen, if you will excuse me
for interrupting this story
I'm telling,
I am leaving to live
forever
with simple people.

ODE TO THE THREAD

This is the thread
of poetry.
Events, like sheep,
wear woolly
coats of
black
or white.
Call, and wondrous
flocks will come,

héroes y minerales,
la rosa del amor,
la voz del fuego,
todo vendrá a tu lado.
Tienes a tu merced
una montaña,
si te pones
a cruzarla a caballo
te crecerá la barba,
dormirás en el suelo,
tendrás hambre
y en la montaña todo
será sombra.
No lo puedes hacer,
tienes que hilarla,
levanta un hilo,
súbelo:
interminable y puro
de tantos sitios sale,
de la nieve,
del hombre,
es duro porque todos
los metales lo hicieron,
es frágil porque el humo
lo dibujó temblando,
así es el hilo
de la poesía.
No tienes
que enredarlo de nuevo,
volverlo a confundir
con el tiempo y la tierra.
Al contrario,
es tu cuerda,
colócalo en tu cítara
y hablarás con la boca
de los montes sonoros,
trénzalo
y será enredadera
de navío,

heroes and minerals,
the rose of love,
the voice of fire,
all will come to your side.
You have at your call
a mountain.
If you set out
to cross it on horseback
your beard will grow,
you will sleep on the ground,
you will know hunger,
and on the mountain
all will be shadow.
You can't do it that way.
You must spin it,
fly a thread
and climb it.
Infinite and pure,
it comes from many sources,
from snow,
from man;
it is strong because
it was made from ores;
it is fragile because it was
traced by trembling smoke;
the thread of poetry
is like that.
You don't have to
tangle it again,
to return it
to time and the earth.
On the contrary,
it is your cord,
string it on your zither
and you will speak with the mouth
of mighty mountains,
braid it,
and it will be the rigging
of a ship,

desarróllalo,
cárgalo de mensajes,
electrízalo,
entrégalo
al viento, a la intemperie,
que de nuevo, ordenado,
en una larga línea
envuelva al mundo,
o bien, enhébralo,
fino, fino,
sin descuidar el manto
de las hadas.

Necesitamos mantas
para todo el invierno.
Ahí vienen
los campesinos,
traen
para el poeta
una gallina, sólo
una pobre gallina.
Qué vas a darles tú,
qué vas a darles?
Ahora,
ahora,
el hilo,
el hilo,
que se irá haciendo ropa
para los que no tienen
sino harapos,
redes
para los pescadores,
camisas
de color
escarlata
para los fogoneros
y una bandera
para todos.
Entre los hombres,

unwind it,
hang it with messages,
electrify it,
expose it
to wind and weather,
so that, straight again,
in one long line it will wind
around the world,
or thread it,
fine, oh so fine,
remembering the fairies'
gowns.

We need blankets
to warm us through the winter.
Here come people
from the farms,
they are bringing
a hen
for the poet, one
small hen.
And what will you give them,
you, what will you give?
Now!
Now,
the thread,
the thread
that will become cloth
for those who have
only rags,
nets
for fishermen,
brilliant
scarlet
shirts
for stokers,
and a flag
for each and every one.
Through men,

entre sus dolores
pesados como piedras,
entre sus victorias
aladas como abejas,
allí está el hilo
en medio
de lo que está pasando
y lo que viene,
abajo
entre carbones,
arriba
en la miseria,
con los hombres,
contigo,
con tu pueblo,
el hilo,
el hilo
de la poesía.
No se trata
de consideraciones:
son órdenes,
te ordeno,
con la cítara al brazo,
acompáñame.
Hay muchos
oídos esperando,
hay
un terrible
corazón enterrado,
es nuestra
familia, nuestro pueblo.
Al hilo!
Al hilo!
A sacarlo
de la montaña oscura!
A transmitir relámpagos!
A escribir la bandera!
Así es el hilo
de la poesía,

through their pain
heavy as stone,
through their victories
winged like bees,
goes the thread,
through the middle
of everything that's happening
and all that is to come,
below the earth,
through coal;
above,
through misery,
with men,
with you,
with your people,
the thread,
the thread
of poetry.
This isn't a matter
for deliberation:
it's an order,
I order you,
with your zither under your arm,
come with me.
Many ears
are waiting,
an awesome
heart
lies buried,
it is our
family, our people.
The thread!
The thread!
Draw it
from the dark mountain!
To transmit lightning!
To compose the flag!
That is the thread
of poetry,

simple, sagrado, eléctrico,
fragante y necesario
y no termina en nuestras pobres manos:
lo revive la luz de cada día.

ODA AL LABORATORISTA

Hay un hombre
escondido,
mira
con un solo ojo
de cíclope eficiente,
son minúsculas cosas,
sangre,
gotas de agua,
mira
y escribe o cuenta,
allí en la gota
circula el universo,
la vía láctea tiembla
como un pequeño río,
mira
el hombre
'y anota,
en la sangre
mínimos puntos rojos,
movedizos
planetas
o invasiones
de fabulosos regimientos blancos,
el hombre
con su ojo
anota,
escribe,
allí encerrado
el volcán de la vida,

simple, sacred, electric,
fragrant and necessary,
and it doesn't end in our humble hands:
it is revived by the light of each new day.

ODE TO A LABORATORY TECHNICIAN

An unseen man
sits
peering
with the single eye
of an efficient cyclops
at minuscule objects,
blood,
drops of water;
he peers,
then writes or counts;
the universe circulates
in the drop,
the Milky Way quivers
like a miniature river,
the man
peers
and makes notes;
in the blood
minute red dots,
orbiting
planets
or invasions
of fabulous white regiments,
the man
with the eye
makes notes,
writes;
captive there,
the volcano of life,

la esperma
con su titilación de firmamento,
cómo aparece
el rápido tesoro
tembloroso,
las semillitas de hombre,
luego
en su círculo pálido
una gota
de orina
muestra países de ámbar
o en tu carne
montañas de amatista,
temblorosas praderas,
constelaciones verdes,
pero
él anota, escribe,
descubre
una amenaza,
un punto
dividido,

un nimbo negro,
lo identifica, encuentra
su prontuario,
ya no puede escaparse,
pronto
en tu cuerpo será la cacería,
la batalla
que comenzó en el ojo
del laboratorista:
será de noche, junto
a la madre la muerte,
junto al niño las alas
del invisible espanto,
la batalla en la herida,
todo
comenzó
con el hombre

sperm
with its twinkling firmament,
a racing,
vibrating
treasure,
the tiny seeds of man;
then
on his colorless disk
a drop
of urine
reveals amber lands,
or in your flesh,
amethyst mountains,
trembling meadows,
green constellations,
but he only
makes notes, writes,
discovers
a threat,
a divided
pinpoint,

a black nimbus,
he identifies it, checks
his manual,
it can't escape now,
soon
the hunt will be in your body,
the battle
that began in the eye
of the technician:
it will be night, beside
the mother, death,
beside the child, the wings
of invisible terror,
the battle in the wound,
everything
began
with the man

y su ojo
que buscaba
en el cielo
de la sangre
una estrella maligna.
Allí con blusa blanca
sigue
buscando
el signo,
el número,
el color
de la muerte
o la vida,
descifrando
la textura
del dolor, descubriendo
la insignia de la fiebre
o el primer síntoma
del crecimiento humano.

Luego
el descubridor
desconocido,
el hombre
que viajó por tus venas
o denunció
un viajero enmascarado
en el Sur o en el Norte
de tus vísceras,
el temible
hombre con ojo
descuelga su sombrero,
se lo pone,
enciende un cigarrillo
y entra en la calle,
se mueve, se desprende,
se reparte en las calles,
se agrega a la espesura de los hombres,
por fin desaparece

and the eye
that sought
in the sky
of blood
a malignant star.
There in his white coat
he continues
searching
for the sign,
the number,
the color,
of death
or life,
deciphering
the texture
of pain, discovering
the emblem of fever,
of the first symptom
of human growth.

Then
the undiscovered
discoverer,
the man
who voyaged through your veins,
or reported
a masked invader
in the South or North
of your viscera,
the fearsome
man with the eye
removes his hat from a peg,
dons it,
lights a cigarette,
and steps outside,
moves, breaks away,
is pumped through the streets,
assimilated into the crowds,
and finally disappears

como el dragón
el diminuto y circulante monstruo
que se quedó olvidado en una gota
en el laboratorio.

ODA AL LIBRO (II)

Libro
hermoso,
libro,
mínimo bosque,
hoja
tras hoja,
huele
tu papel
a elemento,
eres
matutino y nocturno,
cereal,
oceánico,
en tus antiguas páginas
cazadores de osos,
fogatas
cerca del Mississippi,
canoas
en las islas,
más tarde
caminos
y caminos,
revalaciones,
pueblos
insurgentes,
Rimbaud como un herido
pez sangriento
palpitando en el lodo,
y la hermosura

like the dragon, the
diminutive and circulating monster,
left forgotten in a drop
in the laboratory.

ODE TO THE BOOK (II)

Book,
beautiful
book,
smallest forest,
leaf
after leaf,
your paper
smells
of the elements;
you are
of the dawn and evening,
grain,
ocean;
in your earlier pages,
bear hunters,
bonfires
along the Mississippi,
canoes
in the islands;
later,
roads
and
more roads,
revelations,
rebels,
Rimbaud, an injured,
bleeding fish
gasping in the mud,
and the beauty

de la fraternidad,
piedra por piedra
sube el castillo humano,
dolores que entretejen
la firmeza,
acciones solidarias,
libro
oculto
de bolsillo
en bolsillo,
lámpara
clandestina,
estrella roja.

Nosotros
los poetas
caminantes
exploramos
el mundo,
en cada puerta
nos recibió la vida,
participamos
en la lucha terrestre.
Cuál fue nuestra victoria?
Un libro,
un libro lleno
de contactos humanos,
de camisas,
un libro
sin soledad, con hombres
y herramientas,
un libro
es la victoria.
Vive y cae
como todos los frutos,
no sólo tiene luz,
no sólo tiene
sombra,
se apaga,

of brotherhood;
stone by stone
the human castle rises,
sorrow mortared with
firmness and
solidarity;
a book
passed furtively
from pocket
to pocket,
a lamp's light
hidden in the night,
a red star.

We
the wandering
poets
explored
the world,
life greeted us
at every door,
we joined in
the earthly struggle.
What was our victory?
A book,
a book filled
with humanity,
with shirts,
a book
teeming with life, with men
and tools,
a book
is our victory.
It ripens and falls
like all fruit,
a book has
light, and
shadow,
but it, too, fades,

se deshoja,
se pierde
entre las calles,
se desploma en la tierra.
Libro de poesía
de mañana,
otra vez
vuelve
a tener nieve y musgo
en tus páginas
para que las pisadas
o los ojos
vayan grabando
huellas:
de nuevo
descríbenos el mundo,
los manantiales
entre la espesura,
las altas arboledas,
los planetas
polares,
y el hombre
en los caminos,
en los nuevos caminos,
avanzando
en la selva,
en el agua,
en el cielo,
en la desnuda soledad marina,
el hombre
descubriendo
los últimos secretos,
el hombre
regresando
con un libro,
el cazador de vuelta
con un libro,
el campesino
arando
con un libro.

it sheds its leaves,
it gets lost
in the streets,
it drops to the ground.
Morning
book of poetry,
again
let there be
snow and moss
on your pages
so that footsteps
and eyes may
leave their
traces;
once again
describe the world to us,
springs
in forest thickets,
groves of tall trees,
the polar
planets,
and man
on the road,
on new roads,
advancing
in the jungle,
on the water,
in the sky,
in the naked solitude of the sea,
man
discovering
the ultimate secrets,
man
returning
with a book,
the hunter back again
with a book,
the farmer
plowing
with a book.

ODA A LA MADERA

Ay, de cuanto conozco
y reconozco
entre todas las cosas
es la madera
mi mejor amiga.
Yo llevo por el mundo
en mi cuerpo, en mi ropa,
aroma
de aserradero,
olor de tabla roja.
Mi pecho, mis sentidos
se impregnaron
en mi infancia
de árboles que caían
de grandes bosques llenos
de construcción futura.
Yo escuché cuando azotan
el gigantesco
alerce,
el laurel alto de cuarenta metros.
El hacha y la cintura
del hachero minúsculo
de pronto picotean
su columna arrogante,
el hombre vence y cae
la columna de aroma,
tiembla la tierra, un trueno
sordo, un sollozo negro
de raíces, y entonces
una ola
de olores forestales
inundó mis sentidos.
Fue en mi infancia, fue sobre
la húmeda tierra, lejos
en las selvas del sur,
en los fragantes, verdes

ODE TO WOOD

Oh, of all I know
and know well,
of all things,
wood
is my best friend.
I wear through the world
on my body, in my clothing,
the scent
of the sawmill,
the odor of red wood.
My heart, my senses,
were saturated
in my childhood
with the smell of trees
that fell in great forests
filled with future building.
I heard when they scourged
the gigantic
larch,
the forty-meter laurel.
The ax and the wedge
of the tiny woodsman
begin to bite into
the haughty column;
man conquers and the
aromatic column falls,
the earth trembles, mute
thunder, a black sob
of roots, and then
a wave
of forest odors
flooded my senses.
It was in my childhood, on
distant, damp earth
in the forests of the south,
in fragrant green

archipiélagos,
conmigo
fueron naciendo vigas,
durmientes
espesos como el hierro,
tablas
delgadas y sonoras.
La sierra rechinaba
cantando
sus amores de acero,
aullaba el hilo agudo,
el lamento metálico
de la sierra cortando
el pan del bosque
como madre en el parto,
y daba a luz en medio
de la luz
y la selva
desgarrando la entraña
de la naturaleza,
pariendo
castillos de madera,
viviendas para el hombre,
escuelas, ataúdes,
mesas y mangos de hacha.
Todo
allí en el bosque
dormía
bajo las hojas mojadas
cuando
un hombre
comienza
torciendo la cintura
y levantando el hacha
a picotear la pura
solemnidad del árbol
y éste
cae,
trueno y fragancia caen

archipelagoes;
I saw
roof beams born,
railroad ties
dense as iron,
slim and resonant
boards.
The saw squealed,
singing
of its steely love,
the keen band whined,
the metallic lament
of the saw cutting
the loaf of the forest,
a mother in birth throes
giving birth in the midst
of the light,
of the woods,
ripping open the womb
of nature,
producing
castles of wood,
houses for man,
schools, coffins,
tables and ax handles.
Everything
in the forest
lies sleeping
beneath moist leaves,
then
a man
begins
driving in the wedge
and hefting the ax
to hack at the pure
solemnity of the tree,
and the tree
falls,
thunder and fragrance fall

para que nazca de ellos
la construcción, la forma,
el edificio,
de las manos del hombre.
Te conozco, te amo,
te vi nacer, madera.
Por eso
si te toco
me respondes
como un cuerpo querido,
me muestras
tus ojos y tus fibras,
tus nudos, tus lunares,
tus vetas
como inmóviles ríos.
Yo sé
lo que ellos
cantaron
con la voz del viento,
escucho
la noche tempestuosa,
el galope
del caballo en la selva,
te toco y te abres
como una rosa seca
que sólo para mí resucitara
dándome
el aroma y el fuego
que parecían muertos.
Debajo
de la pintura sórdida
adivino tus poros,
ahogada me llamas
y te escucho,
siento
sacudirse
los árboles
que asombraron mi infancia,
veo

so that from them will be born
structures, forms,
buildings,
from the hands of the man.
I know you, I love you,
I saw you born, wood.
That's why
when I touch you
you respond
like a lover,
you show me
your eyes and your grain,
your knots, your blemishes,
your veins
like frozen rivers.
I know
the song
they sang
on the voice of the wind,
I hear
a stormy night,
the galloping
of a horse through deep woods,
I touch you and you open
like a faded rose
that revives for me alone,
offering
an aroma and fire
that had seemed dead.
Beneath
sordid paint
I divine your pores,
choked, you call to me
and I hear you,
I feel
the shuddering
of trees that shaded
and amazed my childhood,
I see

salir de ti,
como un vuelo de océano
y palomas,
las alas de los libros,
el papel
de mañana
para el hombre,
el papel puro para el hombre puro
que existirá mañana
y que hoy está naciendo
con un ruido de sierra,
con un desgarramiento
de luz, sonido y sangre.
En el aserradero
del tiempo,
cae
la selva oscura, oscuro
nace
el hombre,
caen las hojas negras
y nos oprime el trueno,
hablan al mismo tiempo
la muerte y la vida,
como un violín se eleva
el canto o el lamento
de la sierra en el bosque,
y así nace y comienza
a recorrer el mundo
la madera,
hasta ser constructora silenciosa
cortada y perforada por el hierro,
hasta sufrir y proteger
construyendo
la vivienda
en donde cada día
se encontrarán el hombre, la mujer
y la vida.

emerge from you
like a soaring wave
or dove
wings of books,
tomorrow's
paper
for man,
pure paper for the pure man
who will live tomorrow
and who today is being born
to the sound of a saw,
to a tearing
of light, sound, and blood.
In the sawmill
of time
dark forests fall,
dark
is born
man,
black leaves fall,
and thunder threatens,
death and life
speak at once
and like a violin rises
the song, the lament,
of the saw in the forest,
and so wood is born
and begins to travel the
world,
until becoming a silent builder
cut and pierced by steel,
until it suffers and protects,
building
the dwelling
where every day
man, wife, and life
will come together.

ODA A MIRAR PÁJAROS

Ahora
a buscar pájaros!
Las altas ramas férreas
en el bosque,
la espesa
fecundidad del suelo,
está mojado
el mundo,
brilla
lluvia o rocío, un astro
diminuto
en las hojas:
fresca
es la matutina
tierra madre,
el aire
es como un río
que sacude
el silencio,
huele a romero,
a espacio
y a raíces.
Arriba
un canto loco,
una cascada,
es un pájaro.
Cómo
de su garganta
más pequeña que un dedo
pueden caer las aguas
de su canto?

Facultad luminosa!
Poderío
invisible,
torrente

ODE TO BIRD-WATCHING

Now,
to look for birds!
High forest limbs
like iron,
dense
fertility of earth,
wet
world,
raindrop or dew, a tiny
star
glitters
among the leaves,
cool is the
early morning
mother earth,
air
like a river
shakes
the silence,
it smells of rosemary,
of space
and roots.
Overhead,
a wild song,
a waterfall,
ah, it's a bird.
How,
from a throat
no larger than a finger,
can such waters
fall in song?

Radiant gift!
Invisible
might,
torrent

de la música
en las hojas,
conversación sagrada!

Limpio, lavado, fresco
en este día,
sonoro
como cítara verde,
yo entierro
los zapatos
en el lodo,
salto los manantiales,
una espina
me muerde y una ráfaga
de aire como una ola
cristalina
se divide en mi pecho.
Dónde
están los pájaros?
Fue tal vez
ese
susurro en el follaje
o esa huidiza bola
de pardo terciopelo,
o ese desplazamiento
de perfume? Esa hoja
que desprendió el canelo
fue un pájaro? Ese polvo
de magnolia irritada
o esa fruta
que cayó resonando,
eso fue un vuelo?
Oh pequeños cretinos
invisibles,
pajaros del demonio,
váyanse
al diablo
con su sonajera,
con sus plumas inútiles!

of music
among the leaves,
sacred chattering.

Clean, washed, cool
is this day,
resonant
as a green zither,
I feel my shoes
sink
into mud,
I leap across springs,
a thorn
pricks me and a burst
of air like a crystal
wave
breaks against my breast.
Where
are the birds?
Was that a bird,
that
whispers in the leaves,
that illusive ball
of brown velvet,
that sudden waft of
perfume? Was the leaf that
fluttered from the cinnamon tree
a bird? The pollen dust from
the brushed magnolia,
or the fruit
that fell with a thump,
was that flight?
Oh, miserable,
invisible cretins,
devil birds,
go
to hell,
you and your noise,
and your useless feathers!

Yo que sólo quería
acariciarlos,
verlos resplandeciendo,
no quiero
en la vitrina
ver los relámpagos embalsamados,
quiero verlos vivientes,
quiero tocar sus guantes
de legítimo cuero,
que nunca olvidan en las ramas,
y conversar con ellos
en los hombros
aunque me dejen como a ciertas estatuas
inmerecidamente blanqueado.

Imposible.
No se tocan,
se oyen
como un celeste
susurro o movimiento,
conversan
con precisión,
repiten
sus observaciones,
se jactan
de cuanto hacen,
comentan
cuanto existe,
dominan
ciertas ciencias
como la hidrografía
y a ciencia cierta saben
dónde están cosechando
cereales.

Ahora bien,
pájaros
invisibles
de la selva, del bosque,

I wanted only
to stroke them,
to see them glisten,
I don't want
to view them in a showcase,
to see their lightning embalmed,
I want to see them living,
I want to touch the
genuine leather gloves
never left behind on the branches,
and chat as they
perch on my shoulder,
even if, like certain statues, I'm
undeservedly whitened.

Impossible.
they're not to be touched,
only heard,
a celestial sign, a flash
of movement,
they speak
precisely,
repeat
their observations,
boast of
what they're doing,
comment
on the nature of life,
master
certain sciences,
like hydrography, and
with scientific certainty know
where grain is being
reaped.

Well, then,
invisible
birds
of the jungle, of the forest,

de la enramada pura,
pájaros de la acacia
y de la encina,
pájaros
locos, enamorados,
sorpresivos,
cantantes
vanidosos,
músicos migratorios,
una palabra
última
antes
de volver
con zapatos mojados, espinas
y hojas secas
a mi casa:
vagabundos,
os amo
libres,
lejos de la escopeta y de la jaula,
corolas
fugitivas,
así
os amo,
inasibles,
solidaria y sonora
sociedad de la altura,
hojas
en libertad,
campeones
del aire,
pétalos
del humo,
libres,
alegres
voladores y cantores,
aéreos y terrestres,
navegantes del viento,
felices

of virgin boughs,
birds of the acacia
and the oak,
crazy,
lovesick,
amazing birds,
vain
singers,
migratory musicians,
one last
word
before
I turn homeward
with my wet feet,
thorns,
and dried leaves:
vagabonds,
I love you
free,
safe from gun or cage,
fleeting
corollas,
that's how
I love you,
uncaptured,
solidary and sonorous
society of the treetops,
free-flying
leaves,
champions
of the air,
petals
of smoke,
free,
happy
flyers and songsters,
aerial and terrestrial,
navigators of the wind,
happy

constructores
de suavísimos nidos,
incesantes
inensajeros del polen,
casamenteros
de la flor, tíos
de la semilla,
os amo,
ingratos:
vuelvo
feliz de haber vivido con vosotros
un minuto
en el viento.

ODA A LOS NÚMEROS

Qué sed
de saber cuánto!
Qué hambre
de saber
cuántas
estrellas tiene el cielo!

Nos pasamos
la infancia
contando piedras, plantas,
dedos, arenas, dientes,
la juventud contando
pétalos, cabelleras.
Contamos
los colores, los años,
las vidas y los besos,
en el campo
los bueyes, en el mar
las olas. Los navíos
se hicieron cifras que se fecundaban.

builders
of soft-lined nests,
tireless
carriers of pollen,
matchmakers
to flowers, uncles
to the seed,
I love you,
ingrates.
I return home
happy to have lived with you
a moment
on the wind.

ODE TO NUMBERS

Oh, the thirst to know
how many!
The hunger
to know
how many
stars in the sky!

We spent
our childhood counting
stones and plants, fingers and
toes, grains of sand, and teeth,
our youth we passed counting
petals and comets' tails.
We counted
colors, years,
lives, and kisses;
in the country,
oxen; by the sea,
the waves. Ships
became proliferating ciphers.

Los números parían.
Las ciudades
eran miles, millones,
el trigo centenares
de unidades que adentro
tenían otros números pequeños,
más pequeños que un grano.
El tiempo se hizo número.
La luz fue numerada
y por más que corrió con el sonido
fue su velocidad un 37.
Nos rodearon los números.
Cerrábamos la puerta,
de noche, fatigados,
llegaba un 800,
por debajo,
hasta entrar con nosotros en la cama,
y en el sueño
los 4000 y los 77
picándonos la frente
con su martillos o sus alicates.
Los 5
agregándose
hasta entrar en el mar o en el delirio,
hasta que el sol saluda con su cero
y nos vamos corriendo
a la oficina,
al taller,
a la fábrica,
a comenzar de nuevo el infinito
número 1 de cada día.

Tuvimos, hombre, tiempo
para que nuestra sed
fuera saciándose,
el ancestral deseo
de enumerar las cosas
y sumarlas,
de reducirlas hasta

Numbers multiplied.
The cities
were thousands, millions,
wheat hundreds
of units that held
within them smaller numbers,
smaller than a single grain.
Time became a number.
Light was numbered
and no matter how it raced with sound
its velocity was 37.
Numbers surrounded us.
When we closed the door
at night, exhausted,
an 800 slipped
beneath the door
and crept with us into bed,
and in our dreams
4000s and 77s
pounded at our foreheads
with hammers and tongs.
5s
added to 5s
until they sank into the sea or madness,
until the sun greeted us with its zero
and we went running
to the office,
to the workshop,
to the factory,
to begin again the infinite
1 of each new day.

We had time, as men,
for our thirst slowly
to be sated,
the ancestral desire
to give things a number,
to add them up,
to reduce them

hacerlas polvo,
arenales de números.
Fuimos
empapelando el mundo
con números y nombres,
pero
las cosas existían,
se fugaban
del número,
enloquecían en sus cantidades,
se evaporaban
dejando
su olor o su recuerdo
y quedaban los números vacíos.

Por eso,
para ti
quiero las cosas.
Los números
que se vayan a la cárcel,
que se muevan
en columnas cerradas
procreando
hasta darnos la suma
de la totalidad del infinito.
Para ti sólo quiero
que aquellos
números del camino
te defiendan
y que tú los defiendas.
La cifra semanal de tu salario
se desarrolle hasta cubrir tu pecho.
Y del número dos en que se enlazan
tu cuerpo y el de la mujer amada
salgan los ojos pares de tus hijos
a contar otra vez
las antiguas estrellas
y las innumerables
espigas
que llenarán la tierra transformada.

to powder,
wastelands of numbers.
We
papered the world
with numbers and names,
but
things survived,
they fled
from numbers,
went mad in their quantities,
evaporated,
leaving
an odor or a memory,
leaving the numbers empty.

That's why
for you
I want *things*
Let numbers
go to jail,
let them march
in perfect columns
procreating
until they give the sum
total of infinity.
For you I want only
for the numbers
along the road
to protect you
and for you to protect them.
May the weekly figure of your salary
expand until it spans your chest.
And from the 2 of you, embraced,
your body and that of your beloved,
may pairs of children's eyes be born
that will count again
the ancient stars
and countless
heads of grain
that will cover a transformed earth.

ODA AL PÁJARO SOFRÉ

Te enterré en el jardín:
una fosa
minúscula
como una mano abierta,
tierra
austral,
tierra fría
fue cubriendo
tu plumaje,
los rayos amarillos,
los relámpagos negros
de tu cuerpo apagado.
Del Matto Grosso,
de la fértil Goiânia,
te enviaron
encerrado.
No podías.
Te fuiste.
En la jaula
con las pequeñas
patas tiesas,
como agarradas
a una rama invisible,
muerto,
un pobre atado
de plumas
extinguidas,
lejos
de los fuegos natales,
de la madre
espesura,
en tierra fría,
lejos.
Ave
purísima,
te conocí viviente,

ODE TO A SAFFRON FINCH

I buried you in the garden:
a grave
no larger
than my open hand,
earth,
the cold
earth of the south
slowly covering
your feathers,
the yellow sunbeams,
the black lightning flashes
of your snuffed out body.
From Mato Grosso,
from fertile Goiânia,
you came
in a cage.
You couldn't bear it.
So you went away.
Caged,
your little
feet as rigid
as if clutching
an invisible branch,
dead,
a pitiful handful
of extinguished
feathers,
far
from natal fires,
from maternal
jungle,
in a cold land,
far away.
Oh, innocent
bird,
I knew you living,

eléctrico,
agitado,
rumoroso,
una flecha
fragante
era tu cuerpo,
por mi brazo y mis hombros
anduviste
independiente, indómito,
negro de piedra negra
y polen amarillo.
Oh salvaje
hermosura,
la dirección erguida
de tus pasos,
en tus ojos
la chispa
del desafío, pero
así
como una flor es desafiante,
con la entereza
de una terrestre integridad, colmado
como un racimo, inquieto
como un descubridor,
seguro
de su débil arrogancia.

Hice mal, al otoño
que comienza
en mi patria,
a las hojas
que ahora desfallecen
y se caen,
al viento Sur, galvánico,
a los árboles duros, a las hojas
que tú no conocías,
te traje,
hice viajar tu orgullo
a otro sol ceniciento

electric,
vital,
melodious,
your body was
a fragrant
arrow,
you hopped
along my arm and shoulders,
independent, untamed,
black of black stone
and pollen yellow.
Oh, wild
beauty,
proud purpose
in your steps,
in your eyes
a defiant
spark
but
as a flower is defiant,
with the wholeness
of earth's integrity, the fullness
of a grape, restless
as a discoverer,
secure
in your fragile arrogance.

I did wrong: to the
autumn now beginning
in my country,
to the leaves
starting to wither
and fall,
to the galvanic wind of the south,
to harsh trees, to leaves
you'd never known,
I brought you,
I transported your pride
to a different, ashen sun

lejos del tuyo
quemante
como cítara escarlata,
y cuando
al aeródromo metálico
tu jaula
descendió,
ya no tenías
la majestad del viento,
ya estabas despojado
de la luz cenital que te cubría,
ya eras
una pluma de la muerte,
y luego,
en mi casa,
fue tu mirada última
a mi rostro, el reproche
de tu mirada indomable.
Entonces,
con las alas cerradas,
regresaste
a tu cielo,
al corazón extenso,
al fuego verde,
a la tierra encendida,
a las vertientes,
a las enredaderas,
a las frutas,
al aire, a las estrellas,
al sonido secreto
de los desconocidos manantiales,
a la humedad
de las fecundaciones en la selva,
regresaste
a tu origen,
al fulgor amarillo,
al pecho oscuro,
a la tierra y al cielo de tu patria.

far from your own
that burns
like a scarlet zither,
and when
your cage
arrived
at the metal hangar,
you had already lost
the majesty of the wind,
had already been stripped
of the blazing light enveloping you,
you were already
a feather of death.
Later,
in my home,
your last look
was for me, reproach
in your indomitable gaze.
Then,
wings folded,
you returned
to your skies,
to the vast heart,
to green fire,
to flaming earth,
to slopes,
to jungle vines,
to fruits,
to air, to stars,
to the secret sounds
of undiscovered springs,
to the humid world
of fertile jungle,
you returned
to your origins,
to yellow splendor,
to the dark breast,
to the earth and sky of your home.

ODA A LA PAREJA

I

Reina, es hermoso ver
marcando mi camino
tu pisada pequeña
o ver tus ojos
enredándose
en todo lo que miro,
ver despertar tu rostro
cada día,
sumergirse
en el mismo
fragmento
de sombra
cada noche.
Hermoso
es ver
el tiempo
que corre
como el mar
contra una sola proa
formada por tus senos y mi pecho,
por tus pies y mis manos.
Pasan por tu perfil
olas del tiempo,
las mismas que me azotan
y me encienden,
olas como furiosas
dentelladas de frío
y olas como los granos
de la espiga.
Pero
estamos juntos,
resistimos,
guardando
tal vez
espuma negra o roja

ODE TO A COUPLE

I

My queen, how beautiful
to follow the path of
your small footprints,
how beautiful to see
your eyes
everywhere I look,
how beautiful your face
greeting each new day,
and sinking
every night
into the same
fragment
of shadow.
How beautiful
to see
time
running
like the sea
breaking over the prow
formed by your breasts and my chest,
by your feet and my hands.
The waves of time
wash over your profile,
the same waves that lash
and inflame me,
cold waves
with gnashing teeth,
and waves like the grains
of a head of wheat.
But
we are together,
we endure,
guarding
perhaps
black or red sea foam

en la memoria,
heridas
que palpitaron como labios o alas.
Vamos andando juntos
por calles y por islas
bajo el violín quebrado
de las ráfagas,
frente a un dios enemigo,
sencillamente juntos
una mujer y un hombre.

II

Aquellos
que no han sentido cada
día del mundo
caer
sobre la doble
máscara del navío,
no la sal sino el tiempo,
no la sombra
sino el paso desnudo
de la dicha,
cómo podrán cerrar
los ojos,
los ojos solitarios y dormir?

No me gusta
la casa sin tejado,
la ventana sin vidrios.
No me gusta
el día sin trabajo,
ni la noche sin sueño.
No me gusta
el hombre
sin mujer,
ni la mujer
sin hombre.

in our memories,
wounds
throbbing like lips or wings.
We walk together
through streets and islands,
beneath the splintered violin
of the raging wind,
facing an enemy deity,
quietly together,
a man and a woman.

II

Those
who have never felt
the weight of day
fall
upon the ship's
twin figureheads,
not salt but time,
not shadow
but the naked footsteps
of happiness,
how can they
ever close
their lonely eyes in sleep?

I don't like a house
without a roof,
or a window without panes.
I don't like
a day without work
or a night without sleep.
I don't like
a man
without a woman,
or a woman
without a man.

Conplétate,
hombre o mujer, que nada
te intimide.
En algún sitio
ahora
están esperándote.
Levántate:
tiembla
la luz en las campanas,
nacen
las amapolas,
tienes
que vivir
y amasar
con barro y luz tu vida.

Si sobre dos cabezas
cae la nieve
es dulce el corazón
caliente de la casa.
De otra manera,
en la intemperie, el viento
te pregunta:
dónde está
la que amaste?
y te empuja, mordiéndote, a buscarla.
Media mujer es una
y un hombre es medio hombre.
En media casa viven,
duermen en medio lecho.

Yo quiero
que las vidas se integren
encendiendo los besos
hasta ahora apagados.
Yo soy el buen poeta
casamentero. Tengo
novias
para todos los hombres.

Complete yourself,
man or woman, let nothing
intimidate you.
Somewhere,
even now,
someone waits for you.
Get up,
light
is trembling on the bells,
poppies
are opening,
you must
live
and mold your life
with clay and light.

If snow falls
upon two heads,
the heart is sweet,
the house is warm.
If not,
in the storm, the wind
asks:
where is the woman you loved?
and nipping at your heels
will press you to seek her.
Half a woman is one woman
and one man is half a man.
Each lives in half a house,
each sleeps in half a bed.

I want
lives to blend together,
kindling kisses
unknown until now.
I am the good matchmaker
poet. I have
a sweetheart
for every man.

Todos los días veo
mujeres solitarias
que por ti me preguntan.
Te casaré, si quieres,
con la hermana
de la sirena reina de las islas.
Por desgracia, no puedes
casarte con la reina,
porque me está esperando.
Se casará conmigo.

ODA AL PASADO

Hoy, conversando,
se salió de madre
el pasado,
mi pasado.
Con indulgencia
las pequeñas
cosas sucias,
episodios
vacíos,
harina negra,
polvo.
Te agachas
suavemente
inclinado
en ti mismo,
sonríes,
te celebras,
pero
si se trata
de otro, de tu amigo,
de tu enemigo,
entonces
te tornas despiadado,

Every day I see
lonely women
who ask me about you.
If you want, I will wed you
to the sister
of the siren queen of the islands.
Unfortunately, you can't
marry the queen;
she is waiting for me.
She will marry me.

ODE TO THE PAST

Today, in conversation,
the past
cropped up,
my past.
Sleazy
incidents
indulged,
vacuous
episodes,
spoiled flour,
dust.
You crouch down,
gently
sink
into yourself,
you smile,
congratulate yourself,
but
when it's a matter
of someone else, some friend,
some enemy,
then
you are merciless,

frunces el ceño:
Qué cosas hizo ese hombre!
Esa mujer, qué cosas
hizo!
Te tapas
la nariz,
visiblemente
te desagradan mucho
los pasados ajenos.
De lo nuestro miramos
con nostalgia
los peores días,
abrimos
con precaución el cofre
y enarbolamos,
para que nos admiren,
la proeza.
Olvidemos el resto.
Sólo es mala memoria.
Escucha, aprende:
El tiempo
se divide
en dos ríos:
uno
corre hacia atrás, devora
lo que vives,
el otro
va contigo adelante
descubriendo
tu vida.
En un solo minuto
se juntaron.
Es éste.
Ésta es la hora,
la gota de un instante
que arrastrará el pasado.
Es el presente.
Está en tus manos.
Rápido, resbalando,

you frown:
What a terrible life he had!
That woman, what a life
she led!
You hold
your nose,
visibly
you disapprove of pasts
other than your own.
Looking back, we view
our worst days
with nostalgia,
cautiously
we open the coffer
and run up the ensign
of our feats
to be admired.
Let's forget the rest.
Just a bad memory.
Listen and learn.
Time
is divided
into two rivers:
one
flows backward, devouring
life already lived;
the other
moves forward with you
exposing
your life.
For a single second
they may be joined.
Now.
This is that moment,
the drop of an instant
that washes away the past.
It is the present.
It is in your hands.
Racing, slipping,

cae como cascada.
Pero eres dueño de él.
Constrúyelo
con amor, con firmeza,
con piedra y ala,
con rectitud
sonora,
con cereales puros,
con el metal más claro
de tu pecho,
andando
a mediodía,
sin temer
a la verdad, al bien, a la justicia,
compañeros de canto,
el tiempo que transcurre
tendrá forma
y sonido
de guitarra,
y cuando quieras
inclinarte al pasado,
el manantial del tiempo
transparente
revelará tu integridad cantando.
El tiempo es alegría.

(*Isla Negra, 5 febrero 1954*)

ODA A LA PEREZA

Ayer sentí que la oda
no subía del suelo.
Era hora, debía
por lo menos
mostrar una hoja verde.
Rasqué la tierra: "Sube,

tumbling like a waterfall.
But it is yours.
Help it grow
with love, with firmness,
with stone and flight,
with resounding
rectitude,
with purest grains,
the most brilliant metal
from your heart,
walking
in the full light of day
without fear
of truth, goodness, justice,
companions of song,
time that flows
will have the shape
and sound
of a guitar,
and when you want
to bow to the past,
the singing spring of
transparent time
will reveal your wholeness.
Time is joy.

ODE TO LAZINESS

Yesterday I felt as if my ode
was never going to sprout.
At least it should
have been showing
a green leaf.
I scratched the soil: "Come up,

hermana oda"
—le dije—
"te tengo prometida,
no me tengas miedo,
no voy a triturarte,
oda de cuatro hojas,
oda de cuatro manos,
tomarás té conmigo.
Sube,
te voy a coronar entre las odas,
saldremos juntos por la orilla
del mar, en bicicleta".
Fue inútil.

Entonces,
en lo alto de los pinos,
la pereza
apareció desnuda,
me llevó deslumbrado
y soñoliento,
me descubrió en la arena
pequeños trozos rotos
de substancias oceánicas,
maderas, algas, piedras,
plumas de aves marinas.
Busqué sin encontrar
ágatas amarillas.
El mar
llenaba los espacios
desmoronando torres,
invadiendo
las costas de mi patria,
avanzando
sucesivas catástrofes de espuma.
Sola en la arena
abría un rayo
una corola.
Vi cruzar los petreles plateados
y como cruces negras

sister ode,"
I said,
"I promised to produce you,
don't be afraid of me,
I'll not step on your
four leaves, your
four hands, ode,
we'll have tea together.
Come up
and I'll crown you first among my odes,
we'll go to the seashore
on our bicycles."
It was useless.

Then,
high amid the pines,
I saw lovely
naked laziness,
she led me off bedazzled
and bemused,
she showed me on the sand
small broken bits
of marine matter,
driftwood, seaweed, stones,
seabirds' feathers.
I hunted but did not find
yellow agates.
The sea
surged higher,
crumbling towers,
invading
the shoreline of my homeland,
sending forth
successive catastrophes of foam.
A solitary corolla
cast a ray
against the sand.
I saw silvery petrels cruising
and, like black crosses,

los cormoranes
clavados en las rocas.
Liberté una abeja
que agonizaba en un velo de araña,
metí una piedrecita
en un bolsillo,
era suave, suavísima
como un pecho de pájaro,
mientras tanto en la costa,
toda la tarde,
lucharon sol y niebla.
A veces
la niebla se impregnaba
de luz
como un topacio,
otras veces caía
un rayo de sol húmedo
dejando caer gotas amarillas.

En la noche,
pensando en los deberes de mi oda
fugitiva,
me saqué los zapatos
junto al fuego,
resbaló arena de ellos
y pronto fui quedándome
dormido.

ODA A UN RELOJ EN LA NOCHE

En la noche, en tu mano
brilló como luciérnaga
mi reloj.
Oí
su cuerda:
como un susurro seco

cormorants
clinging to the rocks.
I freed a bee from
its death throes in a spiderweb,
I put a pebble
in my pocket,
it was smooth, as smooth
as a bird's breast,
meanwhile along the coast,
all afternoon,
sun and fog waged war.
At times
the fog glowed
with
a topaz light,
other times
a moist sun cast
rays dripping yellow drops.

That night,
thinking of the duties of my
elusive ode,
I took off my shoes
beside the fire,
sand spilled from them
and soon I was falling
fast asleep.

ODE TO A WATCH IN THE NIGHT

In the night, in your hand
my watch glowed like
a firefly.
I heard
it ticking:
a dry whisper

salía
de tu mano invisible.
Tu mano entonces
volvió a mi pecho oscuro
a recoger mi sueño y su latido.

El reloj
siguió cortando el tiempo
con su pequeña sierra.
Como en un bosque
caen
fragmentos de madera,
mínimas gotas, trozos
de ramajes o nidos,
sin que cambie el silencio,
sin que la fresca oscuridad termine,
así
siguió el reloj cortando,
desde tu mano invisible,
tiempo, tiempo,
y cayeron
minutos como hojas,
fibras de tiempo roto,
pequeñas plumas negras.

Como en el bosque
olíamos raíces,
el agua en algún sitio desprendía
una gotera gruesa
como uva mojada.
Un pequeño molino
molía noche,
la sombra susurraba
cayendo de tu mano
y llenaba la tierra.
Polvo,
tierra, distancia
molía y molía
mi reloj en la noche,
desde tu mano.

escaping
from your unseen hand.
Then your hand again
touched my chest in the dark,
sheltering the cadence of my dreams.

The watch
kept cutting time
with its tiny saw.
As in a forest
chips of wood,
droplets, bits
of boughs or nests
fall
without disturbing the silence,
without altering the cool darkness,
so
in your invisible hand
the watch kept cutting,
time, time,
and minutes
fell like leaves,
splinters of shattered time,
small black feathers.

As in the woods
we used to smell roots,
somewhere water released
a drop heavy
as a dew-wet grape.
A tiny mill
was grinding the night,
shadows rustled,
falling from your hand
to flood the earth.
Dust,
earth, distance
grinding, grinding,
my watch in the night,
in your hand.

Yo puse
mi brazo
bajo tu cuello invisible,
bajo su peso tibio,
y en mi mano
cayó el tiempo,
la noche,
pequeños ruidos
de madera y de bosque,
de noche dividida,
de fragmentos de sombra,
de agua que cae y cae:
entonces
cayó el sueño
desde el reloj y desde
tus dos manos dormidas,
cayó como agua oscura
de los bosques,
del reloj
a tu cuerpo,
de ti hacia los países,
agua oscura,
tiempo que cae
y corre
adentro de nosotros.

Y así fue aquella noche,
sombra y espacio, tierra
y tiempo,
algo que corre y cae
y pasa.
Y así todas las noches
van por la tierra,
no dejan sino un vago
aroma negro.
Cae una hoja,
una gota
en la tierra
apaga su sonido,

I eased
my arm
beneath your neck in the dark,
beneath the warmth of your weight,
and time fell
into my hand,
night,
tiny noises
of wood forest,
of night divided,
of snips of shadow,
of water falling, falling:
then
sleep fell
from the watch and from
your sleeping hands,
fell like the dark water
of the forests,
from the watch
to your body,
from you it flowed toward countries,
dark water,
time that falls
and runs
within us.

And so it was that night,
shadow and space, earth
and time,
something that flows and falls
and passes.
And so all nights
cross the earth,
leaving only a vague
black aroma.
A leaf falls,
a droplet
on the ground
deadens the sound,

duerme el bosque, las aguas,
las praderas,
las campanas,
los ojos.

Te oigo y respiras,
amor mío,
dormimos.

ODA AL TERCER DÍA

Eres el lunes, jueves,
llegarás o pasaste.
Agosto en medio
de su red escarlata
de pronto te levanta,
o junio,
junio,
cuando menos pensábamos
un pétalo
con llamas
surge
en medio
de la semana fría,
un pez rojo recorre
como un escalofrío,
de repente,
el invierno,
y comienzan las flores
a vestirse,
a llenarse de luna,
a caminar por la calle,
a embarcarse
en el viento,
es un día
cualquiera,

the forest sleeps, waters,
meadows,
bells,
eyes.

I hear you breathing,
my love,
we sleep.

ODE TO THE THIRD DAY

You are Monday, Thursday,
still to come or past.
August plucked you
suddenly
from its scarlet net,
or June,
June,
when we least expected,
a flaming
petal
bursting forth
in the middle
of an icy week,
a red fish flickering
without warning
down winter's
spine,
and flowers begin
to robe themselves,
to revel in the moonlight,
to parade throughout the streets,
or embark
upon the wind,
it's just
an ordinary day,

color de muro,
pero
algo sube a la cima
de un minuto, oriflama
o sal silvestre,
oro de abeja sube a las banderas,
miel escarlata desarrolla el viento,
es un día sin nombre,
pero
con patas de oro
camina en la semana,
el polen se le pega
en el bigote,
la argamasa celeste
se adelanta en sus ojos,
y bailamos
contentos,
cantamos persiguiendo
las flores del cerezo,
levantamos la copa
enamorados,
saludamos la hora
que se acerca, el minuto
que transcurrió,
que nace
o que fermenta.
Diosa del día,
amapola
inconsciente,
rosa descabellada,
súbita primavera,
jueves,
rayo escondido en medio
de la ropa,
te amo,
soy
tu novio.
Comprendo, pasajera,
pasajero

the color of stone,
but
something rises to the zenith
of the minute, oriflamme,
or the tang of salt,
bee's gold surges to the banner,
the wind unfurls its scarlet honey,
it is a day without a name,
but
it walks into the week
on golden feet,
pollen clings
to its mustaches,
celestial mortar
is forecast in its eyes;
joyfully
we dance,
we sing as we chase
cherry blossoms,
we lift a cup
in love,
we greet the hour
that approaches, the minute
that has passed,
is being,
or fermenting.
Goddess of the day,
naive
poppy,
disheveled rose,
sudden spring,
Thursday,
sunlight hidden in
my clothes,
I love you,
I am
your lover.
As a traveler, I understand;
you, a traveler, too,

que pasas: debemos
despedirnos,
pero una gota
de esplendor,
una uva
de sol imaginario
llegó a la sangre ciega
de cada día,
y guardaremos
este destello rojo
de fuego y ambrosía,
guardaremos
este día insurgente
ardiendo
inolvidable
con su llama
en medio del polvo y del tiempo.

ODA AL TIEMPO

Dentro de ti tu edad
creciendo,
dentro de mí mi edad
andando.
El tiempo es decidido,
no suena su campana,
se acrecienta, camina,
por dentro de nosotros,
aparece
como un agua profunda
en la mirada
y junto a las castañas
quemadas de tus ojos
una brizna, la huella
de un minúsculo río,
una estrellita seca

must travel, we must
say good-bye,
but a drop
of radiance,
a grape
of imaginary sun,
has touched the blind blood
of everyday,
we will cherish
this red spark
of fire and ambrosia,
we will cherish
this insurgent day,
blazing,
unforgettable,
a bright flame
in the midst of dust and time.

ODE TO TIME

Within you, your years
are growing;
within me, my years
are prowling.
Time is resolute,
we do not hear it toll;
it grows and roams
within us,
it appears,
a bottomless well,
in our gaze,
at the corner
of your burnt-chestnut eyes
a filament, the course of
a diminutive river,
a shooting star

ascendiendo a tu boca.
Sube el tiempo
sus hilos
a tu pelo,
pero en mi corazón
como una madreselva
es tu fragancia,
viviente como el fuego.
Es bello
como lo que vivimos
envejecer viviendo.
Cada día
fue piedra transparente,
cada noche
para nosotros fue una rosa negra,
y este surco en tu rostro o en el mío
son piedra o flor,
recuerdo de un relámpago.
Mis ojos se han gastado en tu hermosura,
pero tú eres mis ojos.
Yo fatigué tal vez bajo mis besos
tu pecho duplicado,
pero todos han visto en mi alegría
tu resplandor secreto.
Amor, qué importa
que el tiempo,
el mismo que elevó como dos llamas
o espigas paralelas
mi cuerpo y tu dulzura,
mañana los mantenga
o los desgrane
y con sus mismos dedos invisibles
borre la identidad que nos separa
dándonos la victoria
de un solo ser final bajo la tierra.

streaking toward your lips.
Time adds
its threads
to your hair,
but in my heart
your honeysuckle
fragrance
is living fire.
It is beautiful,
as we have done, to grow old
living life to the full.
Each day
was transparent stone,
each night
for us an inky rose,
so this wrinkle on your face, or mine,
is a stone, a flower,
the memory of the lightning's flash.
My eyes have burned out in your beauty,
but you are my eyes.
I perhaps exhausted your breasts
beneath my kisses,
but the world knows your secret splendor
in my happiness.
Love, what does it matter
that time,
the very time that raised two flames,
two waving heads of wheat,
my body and your gentleness,
tomorrow will hold them safe
or mill the grain,
and with those same unseen fingers
erase the identities that separate us,
giving us the final victory
of being one beneath the ground.

ODA A LA TIERRA

Yo no la tierra pródiga
canto,
la desbordada
madre de las raíces,
la despilfarradora,
espesa de racimos y de pájaros,
lodos y manantiales,
patria de los caimanes,
sultana de anchos senos
y diadema erizada,
no al origen
del tigre en el follaje
ni a la grávida tierra de labranza
con su semilla como
un minúsculo nido
que cantará mañana,
no, yo alabo
la tierra mineral, la piedra andina,
la cicatriz severa
del desierto lunar, las espaciosas
arenas de salitre,
yo canto
el hierro,
la encrespada cabeza
del cobre y sus racimos
cuando emerge
envuelto en polvo y pólvora
recién desenterrado
de la geografía.
Oh tierra, madre dura,
allí escondiste
los metales profundos,
de allí los arañamos
y con fuego
el hombre,
Pedro,

ODE TO THE EARTH

I do not sing to the prodigal
earth,
the profligate
mother of roots,
the squanderer
choked with fruits and birds,
with mud and flowing springs,
homeland of the caiman,
full-breasted sultana
with spiky diadem,
not to the birthplace
of the jungle cat,
to the tilled and gravid earth,
its every seed a
tiny nest ready
to greet the dawn with song,
no, I praise
mineral earth, Andean rock,
the severe scar
of the lunar desert, the spacious
nitrate sands,
I sing
to iron,
to the rippling of veins
of copper and its clusters
as it emerges,
blasted and dusty,
newly unearthed
from its geography.
Oh, earth, harsh mother,
here is where you hid
your buried metals, and
here we scratched them out,
and then with fire,
men,
a Pedro,

Rodríguez o Ramírez
los convirtió de nuevo
en luz original, en lava líquida,
y entonces
duro, contigo tierra,
colérico metal,
te hiciste por la fuerza
de las pequeñas manos de mi tío,
alambre o herradura,
nave o locomotora,
esqueleto de escuela,
velocidad de bala.
Árida tierra, mano
sin signos en la palma,
a ti te canto,
aquí no diste trinos
ni te nutrió la rosa
de la corriente que canta
seca, dura y cerrada,
puño enemigo, estrella
negra,
a ti te canto
porque el hombre
te hará parir, te llenará de frutos,
buscará tus ovarios,
derramará en tu copa secreta
los rayos especiales,
tierra de los desiertos,
línea pura,
a ti las escrituras de mi canto
porque pareces muerta
y te despierta
el ramalazo de la dinamita,
y un penacho de humo sangriento
anuncia el parto
y saltan los metales hacia el cielo.
Tierra, me gustas
en la arcilla y la arena,
te levanto y te formo,

a Rodríguez or Ramírez,
restored them
to primeval light, to liquid lava,
and then
hard like you, earth,
choleric metal,
you willed yourself
in the small strong hands of my uncle
into wire or horseshoe,
ship or locomotive,
the skeleton of a school,
the speed of a bullet.
Arid earth, palm
without a lifeline,
I sing to you,
here barren of birdsong,
bereft of the rose
of the current that runs
dry and hard and silent,
enemy fist, black
star,
I sing to you
because man
will make you yield, will make you bear,
he will expose your ovaries,
he will spill his special rays
into your secret cup,
desert land,
lineal purity,
to you the lines of my song,
and though you lie dormant now,
the dynamite's scourge
will shake you,
and as metals leap toward the sky,
a plume of bloody smoke
will signal birth.
Earth, I like you
as clay and sand,
I hold you and shape you

como tú me formaste,
y ruedas de mis dedos
como yo desprendido
voy a volver a tu matriz extensa.
Tierra, de pronto
me parece tocarte
en todos tus contornos
de medalla porosa,
de jarra diminuta,
y en tu forma paseo
mis manos
hallando la cadera de la que amo,
los pequeñitos senos,
el viento como un grano
de suave y tibia avena
y a ti me abrazo, tierra,
junto a ti, duermo,
en tu cintura se atan mis brazos y mis labios
duermo contigo y siembro mis más profundos besos.

ODA AL TOMATE

La calle
se llenó de tomates,
mediodía,
verano,
la luz
se parte
en dos
mitades
de tomate,
corre
por las calles
el jugo.
En diciembre
se desata

as you shaped me,
you slip from my fingers
as I, freed, will return
to your encompassing womb.
Earth, suddenly
I seem to embrace you
in all your contours,
porous medallion,
common clay jug,
I run my hand
over your body
tracing the hips of the woman I love,
the small breasts,
wind like a grain
of smooth, sun-warmed oats,
and I cling to you, earth,
I sleep beside you,
my arms and lips caress your waist,
I lie beside you, sowing my warmest kisses.

ODE TO TOMATOES

The street
filled with tomatoes,
midday,
summer,
light is
halved
like
a
tomato,
its juice
runs
through the streets.
In December,
unabated,

el tomate,
invade
las cocinas,
entra por los almuerzos,
se sienta
reposado
en los aparadores,
entre los vasos,
las mantequilleras,
los saleros azules.
Tiene
luz propia,
majestad benigna.
Debemos, por desgracia,
asesinarlo:
se hunde
el cuchillo
en su pulpa viviente,
es una roja
víscera,
un sol
fresco,
profundo,
inagotable,
llena las ensaladas
de Chile,
se casa alegremente
con la clara cebolla,
y para celebrarlo
se deja
caer
aceite,
hijo
esencial del olivo,
sobre sus hemisferios entreabiertos,
agrega
la pimienta
su fragancia,
la sal su magnetismo:

the tomato
invades
the kitchen,
it enters at lunchtime,
takes
its ease
on countertops,
among glasses,
butter dishes,
blue saltcellars.
It sheds
its own light,
benign majesty.
Unfortunately, we must
murder it:
the knife
sinks
into living flesh,
red
viscera,
a cool
sun,
profound,
inexhaustible,
populates the salads
of Chile,
happily, it is wed
to the clear onion,
and to celebrate the union
we
pour
oil,
essential
child of the olive,
onto its halved hemispheres,
pepper
adds
its fragrance,
salt, its magnetism;

son las bodas
del día,
el perejil
levanta
banderines,
las papas
hierven vigorosamente,
el asado
golpea
con su aroma
en la puerta,
es hora!
vamos!
y sobre
la mesa, en la cintura
del verano,
el tomate,
astro de tierra,
estrella
repetida
y fecunda,
nos muestra
sus circunvoluciones,
sus canales,
la insigne plenitud
y la abundancia
sin hueso,
sin coraza,
sin escamas ni espinas,
nos entrega
el regalo
de su color fogoso
y la totalidad de su frescura.

it is the wedding
of the day,
parsley
hoists
its flag,
potatoes
bubble vigorously,
the aroma
of the roast
knocks
at the door,
it's time!
come on!
and, on
the table, at the midpoint
of summer,
the tomato,
star of earth,
recurrent
and fertile
star,
displays
its convolutions,
its canals,
its remarkable amplitude
and abundance,
no pit,
no husk,
no leaves or thorns,
the tomato offers
its gift
of fiery color
and cool completeness.

ODA AL TRAJE

Cada mañana esperas,
traje, sobre una silla,
que te llene
mi vanidad, mi amor,
mi esperanza, mi cuerpo.
Apenas
salgo del sueño,
me despido del agua,
entro en tus mangas,
mis piernas buscan
el hueco de tus piernas
y así abrazado
por tu fidelidad infatigable
salgo a pisar el pasto,
entro en la poesía,
miro por las ventanas,
las cosas,
los hombres, las mujeres,
los hechos y las luchas
me van formando,
me van haciendo frente
labrándome las manos,
abriéndome los ojos,
gastándome la boca
y así,
traje,
yo también voy formándote,
sacándote los codos,
rompiéndote los hilos,
y así tu vida crece
a imagen de mi vida.
Al viento
ondulas y resuenas
como si fueras mi alma,
en los malos minutos
te adhieres

ODE TO MY SUIT

Every morning, suit,
you are waiting on a chair
to be filled
by my vanity, my love,
my hope, my body.
Still
only half awake
I leave the shower
to shrug into your sleeves,
my legs seek
the hollow of your legs,
and thus embraced
by your unfailing loyalty
I take my morning walk,
work my way into my poetry;
from my windows I see
the things,
men, women,
events and struggles
constantly shaping me,
constantly confronting me,
setting my hands to the task,
opening my eyes,
creasing my lips,
and in the same way,
suit,
I am shaping you,
poking out your elbows,
wearing you threadbare,
and so your life grows
in the image of my own.
In the wind
you flap and hum
as if you were my soul,
in bad moments
you cling

a mis huesos
vacío, por la noche
la oscuridad, el sueño
pueblan con sus fantasmas
tus alas y las mías.
Yo pregunto
si un día
una bala
del enemigo
te dejará una mancha de mi sangre
y entonces
te morirás conmigo
o tal vez
no sea todo
tan dramático
sino simple,
y te irás enfermando,
traje,
conmigo,
envejeciendo
conmigo, con mi cuerpo
y juntos
entraremos
a la tierra.
Por eso
cada día
te saludo
con reverencia y luego
me abrazas y te olvido,
porque uno solo somos
y seguiremos siendo
frente al viento, en la noche,
las calles o la lucha
un solo cuerpo
tal vez, tal vez, alguna vez inmóvil.

to my bones,
abandoned, at nighttime
darkness and dream
people with their phantoms
your wings and mine.
I wonder
whether some day
an enemy
bullet
will stain you with my blood,
for then
you would die with me,
but perhaps
it will be
less dramatic,
simple,
and you will grow ill,
suit,
with me,
grow older
with me, with my body,
and together
we will be lowered
into the earth.
That's why
every day
I greet you
with respect and then
you embrace me and I forget you,
because we are one being
and shall be always
in the wind, through the night,
the streets and the struggle,
one body,
maybe, maybe, one day, still.

ODA A LA TRISTEZA

Tristeza, escarabajo
de siete patas rotas,
huevo de telaraña,
rata descalabrada,
esqueleto de perra:
Aquí no entras.
No pasas.
Ándate.
Vuelve
al sur con tu paraguas,
vuelve
al norte con tus dientes de culebra.
Aquí vive un poeta.
La tristeza no puede
entrar por estas puertas.
Por las ventanas
entra el aire del mundo,
las rojas rosas nuevas,
las banderas bordadas
del pueblo y sus victorias.
No puedes.
Aqui no entras.
Sacude
tus alas de murciélago,
yo pisaré las plumas
que caen de tu manto,
yo barreré los trozos
de tu cadáver hacia
las cuatro puntas del viento,
yo te torceré el cuello,
te coseré los ojos,
cortaré tu mortaja
y enterraré, tristeza, tus huesos roedores
bajo la primavera de un manzano.

ODE TO SADNESS

Sadness, scarab
with seven crippled feet,
spiderweb egg,
scramble-brained rat,
bitch's skeleton:
No entry here.
Don't come in.
Go away.
Go back
south with your umbrella,
go back
north with your serpent's teeth.
A poet lives here.
No sadness may
cross this threshold.
Through these windows
comes the breath of the world,
fresh red roses,
flags embroidered with
the victories of the people.
No.
No entry.
Flap
your bat's wings,
I will trample the feathers
that fall from your mantle,
I will sweep the bits and pieces
of your carcass to
the four corners of the wind,
I will wring your neck,
I will stitch your eyelids shut,
I will sew your shroud,
sadness, and bury your rodent bones
beneath the springtime of an apple tree.

ODA A VALPARAÍSO

Valparaíso,
qué disparate
eres,
qué loco,
puerto loco,
qué cabeza
con cerros,
desgreñada,
no acabas
de peinarte,
nunca
tuviste
tiempo de vestirte,
siempre
te sorprendió
la vida,
te despertó la muerte,
en camisa,
en largos calzoncillos
con flecos de colores,
desnudo
con un nombre
tatuado en la barriga,
y con sombrero,
te agarró el terremoto,
corriste
enloquecido,
te quebraste las uñas,
se movieron
las aguas y las piedras,
las veredas,
el mar,
la noche,
tú dormías
en tierra,
cansado

ODE TO VALPARAÍSO

Valparaíso,
what a clown
you are,
what a madman,
crazy port,
what a head
lumped with hills,
tousled hair,
always
combing,
never
time
to put your clothes on,
life
always takes you
by surprise,
death has caught you
in your shirtsleeves,
in long, polka-dotted
drawers,
caught you naked
with only a hat
and a name
tattooed on your belly,
when the earthquake grabbed you
you ran in all directions,
crazed,
you tore your fingernails,
water and rock
shook,
sidewalks,
sea, and
night,
you slept
on the ground,
exhausted

de tus navegaciones,
y la tierra
furiosa
levantó su oleaje
más tempestuoso
que el vendaval marino,
el polvo
te cubría
los ojos,
las llamas
quemaban tus zapatos,
las sólidas
casas de los banqueros
trepidaban
como heridas ballenas,
mientras arriba
las casas de los pobres
saltaban
al vacío
como aves
prisioneras
que probando las alas
se desploman.

Pronto,
Valparaíso,
marinero,
te olvidas
de las lágrimas,
vuelves
a colgar tus moradas,
a pintar puertas
verdes,
ventanas
amarillas,
todo
lo transformas en nave,
eres
la remendada proa

from your wild gyrations,
and earth,
infuriated,
launched new waves
wilder than
the wildest storm at sea,
dust
covered
your eyelids,
flames
scorched your shoes,
the solid
houses of the bankers
heaved and pitched
like wounded whales,
while above,
the houses of the poor
leapt
into the void
like captive
birds
that, trying their wings,
plummet to the ground.

Soon,
Valparaíso,
hardy sailor,
you brush away
your tears,
you hang the houses
on your hills again,
paint your doors
green,
your windows
yellow,
your rubble
becomes a ship,
the refurbished
prow

de un pequeño,
valeroso
navío.
La tempestad corona
con espuma
tus cordeles que cantan
y la luz del océano
hace temblar camisas
y banderas
en tu vacilación indestructible.

Estrella
oscura
eres
de lejos,
en la altura de la costa
resplandeces
y pronto
entregas
tu escondido fuego,
el vaivén
de tus sordos callejones,
el desenfado
de tu movimiento,
la claridad
de tu marinería.
Aquí termino, es esta
oda,
Valparaíso,
tan pequeña
como una camiseta
desvalida,
colgando
en tus ventanas harapientas,
meciéndose
en el viento
del océano,
impregnándose
de todos

of a small but
courageous
craft.
The storm crowns
your humming cords
with sea foam,
the ocean light
trembles on shirts
and flags, you sway,
but you are indestructible.

You are
from afar
a dark
star,
your light shines
high in the hills of the coast
and suddenly
you reveal
your hidden fire,
the coming and going
in your muted alleyways,
the confidence of
your milling activity,
the glory
of your ships and sailors.
Here, Valparaíso,
I end
this ode,
as insignificant
as a tattered
undershirt
hanging in one of
your ragged windows,
flapping
in the ocean
breeze,
absorbing
all

los dolores
de tu suelo,
recibiendo
el rocío
de los mares, el beso
del ancho mar colérico
que con toda su fuerza
golpeándose en tu piedra
no pudo
derribarte,
porque en tu pecho austral
están tatuadas
la lucha,
la esperanza,
la solidaridad
y la alegría
como anclas
que resisten
las olas de la tierra.

ODA AL VERANO

Verano, violín rojo,
nube clara,
un zumbido
de sierra
o de cigarra
te precede,
el cielo
abovedado,
liso, luciente como
un ojo,
y bajo su mirada,
verano,
pez del cielo
infinito

the sorrows
of your soil,
welcoming
the sea dew,
the kiss
of the vast, irate sea that
pounding with all its might
against your rocks
could not
destroy you,
because on your austral chest
are tattooed
struggle,
hope,
solidarity,
and joy,
anchors
that withstand
the shock waves of the earth.

ODE TO SUMMER

Summer, red violin,
bright cloud,
a buzzing
of saw
and cicada
precedes you,
your sky
is vaulted,
smooth and shining as
an eye,
and beneath its gaze,
summer,
fish of the
infinite sky,

élitro lisonjero,
perezoso
letargo,
barriguita
de abeja,
sol
endiablado,
sol terrible y paterno,
sudoroso
como un buey trabajando,
sol seco
en la cabeza
como un inesperado
garrotazo,
sol de la sed
andando
por la arena,
verano,
mar desierto,
el minero
de azufre
se llena
de sudor amarillo,
el aviador
recorre
rayo a rayo
el sol celeste,
sudor
negro
resbala
de la frente
a los ojos
en la mina
de Lota,
el minero
se restriega
la frente
negra,
arden

pleasing elytron,
lazy,
lethargic,
rounded bee's
belly,
fiendish
sun,
terrible, paternal sun,
sweaty as a
laboring ox,
parched sun
pounding on your head
like an unexpected
clubbing,
thirsty sun
trudging
across the sand,
summer,
desert sea.
The sulphur
miner
drips
yellow sweat;
ray by ray
the pilot
flies
the celestial sun;
black
sweat
slides
down a forehead
into eyes
in the mine
at Lota,
the miner
wipes
his black
forehead,
sowed fields

las sementeras,
cruje
el trigo,
insectos
azules
buscan
sombra,
tocan
la frescura,
sumergen
la cabeza
en un diamante.

Oh verano
abundante,
carro
de
manzanas
maduras,
boca
de fresa
en la verdura, labios
de ciruela salvaje,
caminos
de suave polvo
encima
del polvo,
mediodía,
tambor
de cobre rojo,
y en la tarde
descansa
el fuego,
el aire
hace bailar
el trébol, entra
en la usina desierta,
sube
una estrella

blaze,
wheat
rustles,
blue
insects
seek
shade,
touch
coolness,
dip
their heads
in a diamond.

Abundant
summer,
wagon
of
ripe
apples,
strawberry
mouth
in the greenness, lips
of wild plums,
roads
of soft dust
layered
on dust,
midday,
red
copper drum,
and in the afternoon
the fire
relents,
the air
makes clover
dance, invades
the desert furnace,
a cool
star

fresca
por el cielo
sombrío,
crepita
sin quemarse
la noche
del verano.

Los Guindos, 30 de marzo de 1954.

ODA AL VINO

Vino color de día,
vino color de noche,
vino con pies de púrpura
o sangre de topacio,
vino,
estrellado hijo
de la tierra,
vino, liso
como una espada de oro,
suave
como un desordenado terciopelo,
vino encaracolado
y suspendido,
amoroso,
marino,
nunca has cabido en una copa,
en un canto, en un hombre,
coral, gregario eres,
y cuando menos, mutuo.
A veces
te nutres de recuerdos
mortales,
en tu ola
vamos de tumba en tumba,

rises
in the somber
sky,
in the crackling
though unscorched
summer
night.

ODE TO WINE

Day-colored wine,
night-colored wine,
wine with purple feet
or wine with topaz blood,
wine,
starry child
of earth,
wine, smooth
as a golden sword,
soft
as lascivious velvet,
wine, spiral-seashelled
and full of wonder,
amorous,
marine;
never has one goblet contained you,
one song, one man,
you are choral, gregarious,
at the least, you must be shared.
At times
you feed on mortal
memories;
your wave carries us
from tomb to tomb,

picapedrero de sepulcro helado,
y lloramos
lágrimas transitorias,
pero
tu hermoso
traje de primavera
es diferente,
el corazón sube a las ramas,
el viento mueve el día,
nada queda
dentro de tu alma inmóvil.
El vino
mueve la primavera,
crece como una planta la alegría,
caen muros,
peñascos,
se cierran los abismos,
nace el canto.
Oh tú, jarra de vino, en el desierto
con la sabrosa que amo,
dijo el viejo poeta.
Que el cántaro de vino
el beso del amor sume su beso.

Amor mío, de pronto
tu cadera
es la curva colmada
de la copa,
tu pecho es el racimo,
la luz del alcohol tu cabellera,
las uvas tus pezones,
tu ombligo sello puro
estampado en tu vientre de vasija,
y tu amor la cascada
de vino inextinguible,
la claridad que cae en mis sentidos,
el esplendor terrestre de la vida.

Pero no sólo amor,
beso quemante

stonecutter of icy sepulchers,
and we weep
transitory tears;
your
glorious
spring dress
is different,
blood rises through the shoots,
wind incites the day,
nothing is left
of your immutable soul.
Wine
stirs the spring, happiness
bursts through the earth like a plant,
walls crumble,
and rocky cliffs,
chasms close,
as song is born.
A jug of wine, and thou beside me
in the wilderness,
sang the ancient poet.
Let the wine pitcher
add to the kiss of love its own.

My darling, suddenly
the line of your hip
becomes the brimming curve
of the wine goblet,
your breast is the grape cluster,
your nipples are the grapes,
the gleam of spirits lights your hair,
and your navel is a chaste seal
stamped on the vessel of your belly,
your love an inexhaustible
cascade of wine,
light that illuminates my senses,
the earthly splendor of life.

But you are more than love,
the fiery kiss,

o corazón quemado
eres, vino de vida,
sino
amistad de los seres, transparencia,
coro de disciplina,
abundancia de flores.
Amo sobre una mesa,
cuando se habla,
la luz de una botella
de inteligente vino,
que lo beban,
que recuerden en cada
gota de oro
o copa de topacio
o cuchara de púrpura
que trabajó el otoño
hasta llenar de vino las vasijas
y aprenda el hombre oscuro,
en el ceremonial de su negocio,
a recordar la tierra y sus deberes,
a propagar el cántico del fruto.

the heart of fire,
more than the wine of life;
you are
the community of man,
translucency,
chorus of discipline,
abundance of flowers.
I like on the table,
when we're speaking,
the light of a bottle
of intelligent wine.
Drink it,
and remember in every
drop of gold,
in every topaz glass,
in every purple ladle,
that autumn labored
to fill the vessel with wine;
and in the ritual of his office,
let the simple man remember
to think of the soil and of his duty,
to propagate the canticle of the wine.

II
NEW ELEMENTAL ODES

LA CASA DE LAS ODAS

Escribiendo
estas
odas
en este
año mil
novecientos
cincuenta y cinco,
desplegando y tañendo
mi lira obligatoria y rumorosa
sé lo que soy
y adonde va mi canto.

Comprendo
que el comprador de mitos
y misterios
entre
en mi casa de odas,
hecha
con adobe y madera,
y odie
los utensilios,
los retratos
de padre y madre y patria
en las paredes,
la sencillez
del pan
y del salero.
Pero es así la casa de mis odas.

Yo destroné la negra monarquía,
la cabellera inútil de los sueños,
pisé la cola
del reptil mental,
y dispuse las cosas
—agua y fuego—
de acuerdo con el hombre y con la tierra.

THE HOUSE OF ODES

Writing
these
odes
in this
year nineteen
hundred and
fifty-five,
readying and tuning
my demanding, murmuring lyre,
I know who I am
and where my song is going.

I understand
that the shopper for myths
and mysteries
may enter
my wood
and adobe
house of odes,
may despise
the utensils,
the portraits
of father and mother and country
on the walls,
the simplicity
of the bread
and the saltcellar. But
that's how it is in my house of odes.

I deposed the dark monarchy,
the useless flowing hair of dreams,
I trod on the tail
of the cerebral reptile,
and set things
—water and fire—
in harmony with man and earth.

Quiero que todo
tenga
empuñadura,
que todo sea
taza o herramienta.
Quiero que por la puerta de mis odas
entre la gente a la ferretería.

Yo trabajo
cortando
tablas frescas,
acumulando miel
en las barricas,
disponiendo
herraduras, arneses,
tenedores:
que entre aquí todo el mundo,
que pregunte,
que pida lo que quiera.

Yo soy del Sur, chileno,
navegante
que volvió
de los mares.

No me quedé en las islas,
coronado.

No me quedé sentado
en ningún sueño.

Regresé a trabajar sencillamente
con todos los demás
y para todos.

Para que todos vivan
en ella
hago mi casa
con odas
transparentes.

I want everything
to have
a handle,
I want everything to be
a cup or a tool.
I want people to enter a hardware
store through the door of my odes.

I work at
cutting
newly hewn boards,
storing casks
of honey,
arranging
horseshoes, harness,
forks:
I want everyone to enter here,
let them ask questions,
ask for anything they want.

I am from the South, a Chilean,
a sailor
returned
from the seas.

I did not stay in the islands,
a king.

I did not stay ensconsed
in the land of dreams.

I returned to labor simply
beside others,
for everyone.

So that everyone
may live here,
I build my house
with transparent
odes.

ODA A LOS CALCETINES

Me trajo Maru Mori
un par
de calcetines
que tejió con sus manos
de pastora,
dos calcetines suaves
como liebres.
En ellos
metí los pies
como en
dos
estuches
tejidos
con hebras del
crepúsculo
y pellejo de ovejas.

Violentos calcetines,
mis pies fueron
dos pescados
de lana,
dos largos tiburones
de azul ultramarino
atravesados
por una trenza de oro,
dos gigantescos mirlos,
dos cañones:
mis pies
fueron honrados
de este modo
por
estos
celestiales
calcetines.
Eran
tan hermosos

ODE TO MY SOCKS

Maru Mori brought me
a pair
of socks
knitted with her own
shepherd's hands,
two socks soft
as rabbits.
I slipped
my feet into them
as if
into
jewel cases
woven
with threads of
dusk
and sheep's wool.

Audacious socks,
my feet became
two woolen
fish,
two long sharks
of lapis blue
shot
with a golden thread,
two mammoth blackbirds,
two cannons,
thus honored
were
my feet
by
these
celestial
socks.
They were
so beautiful

que por primera vez
mis pies me parecieron
inaceptables
como dos decrépitos
bomberos, bomberos
indignos
de aquel fuego
bordado,
de aquellos luminosos
calcetines.

Sin embargo
resistí
la tentación aguda
de guardarlos
como los colegiales
preservan
las luciérnagas,
como los eruditos
coleccionan
documentos sagrados,
resistí
el impulso furioso
de ponerlos
en una jaula
de oro
y darles cada día
alpiste
y pulpa de melón rosado.
Como descubridores
que en la selva
entregan el rarísimo
venado verde
al asador
y se lo comen
con remordimiento,
estiré
los pies
y me enfundé

that for the first time
my feet seemed
unacceptable to me,
two tired old
fire fighters
not worthy
of the woven
fire
of those luminous
socks.

Nonetheless,
I resisted
the strong temptation
to save them
the way schoolboys
bottle
fireflies,
the way scholars
hoard
sacred documents.
I resisted
the wild impulse
to place them
in a cage
of gold
and daily feed them
birdseed
and rosy melon flesh.
Like explorers
who in the forest
surrender a rare
and tender deer
to the spit
and eat it
with remorse,
I stuck out
my feet
and pulled on

los
bellos
calcetines
y
luego los zapatos.

Y es ésta
la moral de mi oda:
dos veces es belleza
la belleza
y lo que es bueno es doblemente
bueno
cuando se trata de dos calcetines
de lana
en el invierno.

ODA AL CRÁNEO

No lo sentí
sino
cuando caía,
cuando perdí
existencia
y rodé
fuera
de mi ser como el hueso
de una fruta
aplastada:
no supe
sino sueño
y oscuridad,
luego
sangre y camino,
súbita
luz
aguda:

the
handsome
socks,
and
then my shoes.

So this is
the moral of my ode:
twice beautiful
is beauty
and what is good doubly
good
when it is a case of two
woolen socks
in wintertime.

ODE TO THE CRANIUM

I never noticed it
until
I fell,
until I lost
consciousness
and rolled
outside
my being like the pit
of some squashed
fruit;
all was
sleep
and darkness,
then
blood and motion,
sudden
intense
light:

los viajeros
que levantan tu sombra.
Más tarde el lienzo de la cama
blanca como la luna
y el sueño al fin pegándose
a tu herida
como un algodón negro.

Esta mañana
extendí un dedo sigiloso,
bajé por las costillas
al cuerpo
maltratado
y únicamente
encontré
firme
como un casco
mi pobre
cráneo.
Cuánto
en mi edad, en viajes, en amores,
me miré cada pelo,
cada arruga
de mi frente,
sin ver la magnitud
de la cabeza,
la huesuda
torre del pensamiento,
el coco duro,
la bóveda de calcio
protectora
como una caja de reloj
cubriendo
con su espesor de muro
minúsculos tesoros,
vasos, circulaciones
increíbles,
pulsos de la razón, venas del sueño,
gelatinas del alma,

the messengers
that dispel your shadow.
Later, the linen of my bed
white as the moon
and, finally, sleep clinging
to your wound
like black cotton.

This morning
a cautious finger emerged,
crept along my ribs,
over my abused
body,
and found
the one thing
sound as a walnut
was
my poor
cranium.
How often in my mature years,
in travels, in love affairs,
I examined every hair,
every wrinkle
on my brow,
without noticing the grandness
of my head,
boned
tower of thought,
tough coconut,
calcium dome
protecting
the clockworks,
thick wall
guarding
treasures infinitesimal,
arteries, incredible
circulations,
pulses of reason, veins of sleep,
gelatin of the soul,

todo
el pequeño océano
que eres,
el penacho profundo
del cerebro,
las circunvoluciones arrugadas
como una cordillera sumergida
y en ellas
la voluntad, el pez del movimiento,
la eléctrica corola
del estímulo,
las algas del recuerdo.

Me toqué la cabeza,
descubriéndola,
como en la geología
de un monte
ya sin hojas,
sin temblorosa melodía de aves,
se descubre
el duro
mineral,
la osamenta
de la tierra,
y
herido aún
en este
canto alabo
el cráneo, el tuyo,
el mío,
el cráneo,
la espesura
protectora,
la caja fuerte, el casco
de la vida,
la nuez de la existencia.

all
the miniature ocean
you are,
proud crest
of the mind,
the wrinkled convolutions
of an undersea cordillera
and in them
will, the fish of movement,
the electric corolla
of stimulus,
the seaweed of memory.

I touched my head,
discovering it,
as in the geology
of a mountain
now stripped bare of leaves
and the tremulous song of birds
one discovers
the hard
metal,
the skeleton
of the earth;
and so,
wounded still,
in this song
I praise
the cranium, yours,
mine,
the cranium,
guardian
thickness,
strongbox, the casque
of life,
the kernel of existence.

ODA A LA CRÍTICA (II)

Toqué mi libro:
era
compacto,
firme,
arqueado
como una nave blanca,
entreabierto
como una nueva rosa,
era
para mis ojos
un molino,
de cada hoja
la flor del pan crecía
sobre mi libro:
me cegué con mis rayos,
me sentí demasiado
satisfecho,
perdí tierra,
comencé a caminar
en nubes
y entonces,
camarada,
me bajaste
a la vida,
una sola palabra
me mostró de repente
cuanto dejé de hacer
y cuanto pude
avanzar con mi fuerza y mi ternura,
navegar con la nave de mi canto.

Volví más verdadero,
enriquecido,
tomé cuanto tenía
y cuanto tienes,
cuanto anduviste tú

ODE TO CRITICISM (II)

I touched my book:
it was
compact,
solid,
arched
like a white ship,
half open
like a new rose,
it was
to my eyes
a mill,
from each page
of my book
sprouted the flower of bread;
I was blinded by my own rays,
I was insufferably
self-satisfied,
my feet left the ground
and I was walking
on clouds,
and then,
comrade criticism,
you brought me down
to earth,
a single word
showed me suddenly
how much I had left undone,
how far I could go
with my strength and tenderness,
sail with the ship of my song.

I came back a more genuine man,
enriched,
I took what I had
and all you have,
all your travels

sobre la tierra,
cuanto viéron
tus ojos,
cuanto
luchó tu corazón día tras día
se dispuso a mi lado,
numeroso,
y levanté la harina
de mi canto,
la flor del pan acrecentó su aroma.

Gracias te digo,
crítica,
motor claro del mundo,
ciencia pura,
signo
de la velocidad, aceite
de la eterna rueda humana,
espada de oro,
piedra
de la estructura.
Crítica, tú no traes
la espesa gota
sucia
de la envidia,
la personal guadaña
o el ambiguo, encrespado
gusanillo
del café rencoroso,
no eres tampoco el juego
del viejo tragasables y su tribu,
ni la pérfida
cola
de la feudal serpiente
siempre enroscada en su exquisita rama.
Crítica, eres
mano
constructora,
burbuja del nivel, línea de acero,
palpitación de clase.

across the earth,
everything your eyes
had seen;
all the battles
your heart had fought day after day
aligned themselves
beside me,
and as I held high the flour
of my song,
the flower of the bread smelled sweeter.

I say, thank you,
criticism,
bright mover of the world,
pure science,
sign
of speed, oil
for the eternal human wheel,
golden sword,
cornerstone
of the structure.
Criticism, you're not the bearer
of the thick, foul
drop
of envy,
the personal scythe,
or ambiguous, curled-up
worm
in the bitter coffee bean,
nor are you part of the scheme
of the old swordswallower and his tribe,
nor the treacherous
tail
of the feudal serpent
always twined around its exquisite branch.
Criticism, you are
a helping
hand,
bubble in the level, mark on the steel,
notable pulsation.

Con una sola vida
no aprenderé bastante.

Con la luz de otras vidas
vivirán otras vidas en mi canto.

ODA A LA CRUZ DEL SUR

Hoy 14 de abril,
viento
en la costa,
noche
y viento,
noche
sombría
y viento,
se conmovió la sombra,
se enarboló el ciprés
de las estrellas,
las hojas de la noche
volcaron
polvo muerto
en el espacio
y todo quedó limpio
y tembloroso.

Árbol
de espadas
frías
fue la sombra
estrellada,
copa
del
universo,
cosecha
de

With a single life
I will not learn enough.

With the light of other lives,
many lives will live in my song.

ODE TO THE SOUTHERN CROSS

Today, April 14,
wind
along the coast,
night
and wind,
somber
night
and wind,
the shadows were stirred,
a starry cypress
appeared in the sky,
the leaves of night
shook
dead dust
into space,
everything was clean
and quivering.

The spangled
shadow
was a tree
of icy
swords,
the crown
of the
universe,
harvest
of

platino,
todo
ardía
en las altas
soledades
marinas,
en Isla Negra
andando
del brazo
de mi amada,
y ella
entonces
levantó un brazo apenas
sumergido
en la sombra
y como un rayo de ámbar
dirigido
desde la tierra al cielo
me mostró
cuatro estrellas:
la Cruz del Sur inmóvil
sobre nuestras cabezas.

En un instante
se apagaron todos
los ojos
de la noche
y sólo vi clavadas
al cielo solitario
cuatro rosas azules,
cuatro piedras heladas.
Y le dije,
tomando
mi lira
de poeta
frente al viento
oceánico, entre las dentelladas
de la ola:
Cruz

platinum,
everything
blazed
in the high
solitudes
above the sea;
in Isla Negra
I walked
arm in arm
with my beloved,
and then
she
raised an arm
barely visible
in the shadow
and like a ray of amber
beaming
from earth to sky
she pointed out
four stars:
the motionless Southern Cross
above our heads.

In an instant
all the eyes
of the night
were closed
and I saw only
four blue roses,
four frozen gems
studding the solitary sky.
And I said to them,
taking up
my poet's
lyre,
facing the oceanic
wind, between the nibbles
of the wave:
Cross

del Sur, olvidado
navío
de mi patria,
prendedor
sobre el pecho
de la noche turgente,
constelación marina,
luz
de las casas pobres,
lámpara errante, rombo
de lluvia y terciopelo,
tijera de la altura,
mariposa,
posa tus cuatro labios
en mi frente
y llévame
en tu nocturno
sueño
y travesía
a las islas del cielo,
a las vertientes
del agua de la noche,
a la roca
magnética,
madre de las estrellas,
al tumulto
del sol, al viejo carro
de la aurora
cubierto de limones.

Y no me respondió
la Cruz del Sur:
siguió, siguió viajando
barrida
por el viento.
Dejé la lira entonces
a un lado,
en el camino,
y abracé a mi amada

of the South, forgotten
ship
of my homeland,
brooch
upon the swelling
breast of night
constellation of the sea,
light
for humble houses,
drifting lamp, rhombus
of rain and velvet,
scissors of space,
butterfly,
rest your four lips
upon my forehead
and transport me
in your nocturnal
dream,
in your voyage
to the islands of the sky,
to the springs
of night's water,
to the magnetic
pole,
mother of the stars,
to the convulsion
of the sun, to the ancient
lemon-bedecked
chariot of the dawn.

The Southern Cross
did not reply:
swept
by the winds
it traveled on.
So I left my lyre
by the side
of the road
and embraced my beloved,

y al acercar mis ojos
a sus ojos,
vi en ellos,
en su cielo,
cuatro puntas
de diamante encendido.

La noche y su navío
en su amor
palpitaban
y besé una por una
sus estrellas.

ODA AL DICCIONARIO

Lomo de buey, pesado
cargador, sistemático
libro espeso:
de joven
te ignoré, me vistió
la suficiencia
y me creí repleto,
y orondo como un
melancólico sapo
dictaminé: "Recibo
las palabras
directamente
del Sinaí bramante.
Reduciré
las formas a la alquimia.
Soy mago."

El gran mago callaba.

El Diccionario,
viejo y pesado, con su chaquetón

and as I looked into her
eyes
I saw in them,
in their sky,
four points
of brilliant diamond.

The night and its ship
pulsed
with love
and one by one I kissed
their stars.

ODE TO THE DICTIONARY

Back like an ox, beast of
burden, orderly
thick book:
as a youth
I ignored you,
wrapped in my smugness,
I thought I knew it all,
and as puffed up as a
melancholy toad
I proclaimed: "I receive
my words
in a loud, clear voice
directly from Mt. Sinai.
I shall convert
forms to alchemy.
I am the Magus."

The Great Magus said nothing.

The Dictionary,
old and heavy in its scruffy

de pellejo gastado,
se quedó silencioso
sin mostrar sus probetas.

Pero un día,
después de haberlo usado
y desusado,
después
de declararlo
inútil y anacrónico camello,
cuando por largos meses, sin protesta,
me sirvió de sillón
y de almohada,
se rebeló y plantándose
en mi puerta
creció, movió sus hojas
y sus nidos,
movió la elevación de su follaje:
árbol
era,
natural,
generoso
manzano, manzanar o manzanero,
y las palabras
brillaban en su copa inagotable,
opacas o sonoras,
fecundas en la fronda del lenguaje,
cargadas de verdad y de sonido.

Aparto una
sola de
sus
páginas:
Caporal
Capuchón
qué maravilla
pronunciar estas sílabas
con aire,
y más abajo

leather jacket,
sat in silence,
its resources unrevealed.

But one day,
after I'd used it
and abused it,
after
I'd called it
useless, an anachronistic camel,
when for months, without protest,
it had served me as a chair
and a pillow,
it rebelled and planting its feet
firmly in my doorway,
expanded, shook its leaves
and nests,
and spread its foliage:
it was
a tree,
a natural,
bountiful
apple blossom, apple orchard, apple tree,
and words
glittered in its infinite branches,
opaque or sonorous,
fertile in the fronds of language,
charged with truth and sound.

I
turn
its
pages:
caporal,
capote,
what a marvel
to pronounce these plosive
syllables,
and further on,

Cápsula
hueca, esperando aceite o ambrosía,
y junto a ellas
Captura Capucete Capuchina
Caprario Captatorio
palabras
que se deslizan como suaves uvas
o que a la luz estallan
como gérmenes ciegos que esperaron
en las bodegas del vocabulario
y viven otra vez y dan la vida:
una vez más el corazón las quema.

Diccionario, no eres
tumba, sepulcro, féretro,
túmulo, mausoleo,
sino preservación,
fuego escondido,
plantación de rubíes,
perpetuidad viviente
de la esencia,
granero del idioma.
Y es hermoso
recoger en tus filas
la palabra
de estirpe,
la severa
y olvidada
sentencia,
hija de España,
endurecida
como reja de arado,
fija en su límite
de anticuada herramienta,
preservada
con su hermosura exacta
y su dureza de medalla.
O la otra
palabra

capsule,
unfilled, awaiting ambrosia or oil
and others,
capsicum, caption, capture,
comparison, capricorn,
words
as slippery as smooth grapes,
words exploding in the light
like dormant seeds waiting
in the vaults of vocabulary,
alive again, and giving life:
once again the heart distills them.

Dictionary, you are not a
tomb, sepulcher, grave,
tumulus, mausoleum,
but guard and keeper,
hidden fire,
groves of rubies,
living eternity
of essence,
depository of language.
How wonderful
to read in your columns
ancestral
words,
the severe and
long-forgotten
maxim,
daughter of Spain,
petrified
as a plow blade,
as limited in use
as an antiquated tool,
but preserved
in the precise beauty and
immutability of a medallion.
Or another
word

que allí vimos perdida
entre renglones
y que de pronto
se hizo sabrosa y lisa en nuestra boca
como una almendra
o tierna como un higo.

Diccionario, una mano
de tus mil manos, una
de tus mil esmeraldas,
una
sola
gota
de tus vertientes virginales,
un grano
de
tus
magnánimos graneros
en el momento
justo
a mis labios conduce,
al hilo de mi pluma,
a mi tintero.
De tu espesa y sonora
profundidad de selva,
dame,
cuando lo necesite,
un solo trino, el lujo
de una abeja,
un fragmento caído
de tu antigua madera perfumada
por una eternidad de jazmineros,
una
sílaba,
un temblor, un sonido,
una semilla:
de tierra soy y con palabras canto.

we find hiding
between the lines
that suddenly seems
as delicious and smooth on the tongue
as an almond,
or tender as a fig.

Dictionary, let one hand
of your thousand hands, one
of your thousand emeralds,
a
single
drop
of your virginal springs,
one grain
from
your
magnanimous granaries,
fall
at the perfect moment
upon my lips,
onto the tip of my pen,
into my inkwell.
From the depths of your
dense and reverberating jungle
grant me,
at the moment it is needed,
a single bird song, the luxury
of one bee,
one splinter
of your ancient wood perfumed
by an eternity of jasmine,
one
syllable,
one tremor, one sound,
one seed:
I am of the earth and with words I sing.

ODA A DON DIEGO DE LA NOCHE

Don Diego
de la Noche,
buenos días,
Don Diego,
buenas noches:
Yo soy
un poeta perdido.
Aquella puerta
era
un agujero.
La noche
me golpeó la nariz
con esa rama
que yo tomé por una
criatura excelente.
La oscuridad es madre
de la muerte
y en ella
el poeta perdido
navegaba
hasta
que una estrella de fósforo
subió o bajó—no supe—
en las tinieblas.
Estaba yo en el cielo,
fallecido?
A quién
debía dirigirme,
entonces?
Mi único
amigo celestial
murió hace tanto tiempo
y anda con armadura:
Garcilaso.
En el infierno,

ODE TO A *MIRABILIS JALAPA*:
THE NIGHT-BLOOMING FOUR O'CLOCK

Don *Mirabalis*
Jalapa,
hello,
Don *Mirabalis,*
good evening:
I am a poet
who has lost his way.
That door back there
was
a hole.
Night
struck me on the nose
with that branch,
which I had mistaken
for some well-bred creature.
Darkness is mother
to death,
and in darkness
this lost poet
steered a course
until a
phosphorescent star
rose or set—I knew not which—
in the darkness.
Was I in heaven,
passed beyond?
To whom, then,
could I
turn?
My only
friend in heaven
died centuries ago
and still wears armour:
noble Garcilaso.
In Hell,

como dos lechuzas,
Baudelaire y Edgar Poe,
tal vez
ignorarán mi nombre!
Miré la estrella
y ella
me miraba:
la toqué
y era flor,
era Don Diego,
y en la mano
su aroma
se me quedó prendido
traspasándome
el alma.

Terrestre
estrella,
gracias
por
tus
cuatro
pétalos
de claridad fragante,
gracias
por
tu blancura
en las tinieblas,
gracias, estrella, por tus cuatro rayos,
gracias, flor,
por tus pétalos,
y gracias
por tus cuatro
espadas,
Caballero.

like two owls,
Baudelaire and Edgar Poe
might not even know
my name!
I looked at the star
and it
gazed at me:
I touched it,
it was a flower,
Don *Mirabilis,*
and its fragrance
clung
to my fingers,
piercing
my soul.

Star
of earth,
thank you
for
your
four
petals
of fragrant radiance,
thank you
for
your whiteness
in the dark,
thank you, star, for your four rays,
thank you, flower,
for your petals,
and for your four
swords,
thank you,
Caballero.

ODA A LA GAVIOTA

A la gaviota
sobre
los pinares
de la costa,
en el viento
la sílaba
silbante de mi oda.

Navega,
barca lúcida,
bandera de dos alas,
en mi verso,
cuerpo de plata,
sube
tu insignia atravesada
en la camisa
del firmamento frío,
oh voladora,
suave
serenata del vuelo,
flecha de nieve, nave
tranquila en la tormenta transparente
elevas tu equilibrio
mientras
el ronco viento barre
las praderas del cielo.

Después del largo viaje,
tú, magnolia emplumada,
triángulo sostenido
por el aire en la altura,
con lentitud regresas
a tu forma
cerrando
tu plateada vestidura,
ovalando tu nítido tesoro,

ODE TO THE SEA GULL

To the sea gull
high above
the pine woods
of the coast,
on the wind
the sibilant
syllable of my ode.

Sail,
bright boat,
winged banner,
in my verse,
stitch,
body of silver,
your emblem
across the shirt
of the icy firmament,
oh, aviator,
gentle
serenade of flight,
snow arrow, serene
ship in the transparent storm,
steady, you soar
while
the hoarse wind sweeps
the meadows of the sky.

After your long voyage,
feathered magnolia,
triangle borne
aloft on the air,
slowly you regain
your form,
arranging
your silvery robes, shaping
your bright treasure in an oval,

volviendo a ser
botón blanco del vuelo,
germen
redondo,
huevo de la hermosura.

Otro poeta
aquí
terminaría
su victoriosa oda.
Yo no puedo
permitirme
sólo
el lujo blanco
de la inútil espuma.
Perdóname,
gaviota,
soy
poeta
realista,
fotógrafo del cielo.
Comes,
comes,
comes,
no hay
nada que no devores,
sobre el agua del puerto
ladras
como perro de pobre,
corres
detrás del último
pedazo de intestino
de pescado,
picoteas
a tus hermanas blancas,
robas
la despreciable presa,
el desarmado cúmulo
de basura marina,

again a
white bud of flight,
a round
seed,
egg of beauty.

Another
poet
would end here
his triumphant ode.
I cannot
limit myself
to
the luxurious whiteness
of useless froth.
Forgive me,
sea gull,
I am
a realist
poet,
photographer of the sky.
You eat,
and eat,
and eat,
there is nothing
you don't devour,
on the waters of the bay
you bark
like a beggar's dog,
you pursue
the last
scrap of
fish gut,
you peck
at your white sisters,
you steal
your despicable prize,
a rotting clump
of floating garbage,

acechas los
tomates
decaídos,
las descartadas
sobras de la caleta.
Pero
todo
lo transformas
en ala limpia,
en blanca geometría,
en la estática línea de tu vuelo.

Por eso,
ancla nevada,
voladora,
te celebro completa:
con tu voracidad abrumadora,
con tu grito en la lluvia
o tu descanso
de copo desprendido
a la tormenta,
con tu paz o tu vuelo,
gaviota,
te consagro
mi palabra terrestre,
torpe ensayo de vuelo,
a ver si tú desgranas
tu semilla de pájaro en mi oda.

ODA A LA LAGARTIJA

Junto a la arena
una
lagartija
de cola enarenada.

you stalk
decayed
tomatoes,
the discarded
rubbish of the cove.
But
in you
it is transformed
into clean wing,
white geometry,
the ecstatic line of flight.

That is why,
snowy anchor,
aviator,
I celebrate you as you are:
your insatiable voraciousness,
your screech in the rain,
or at rest
a snowflake blown
from the storm,
at peace or in flight,
sea gull,
I consecrate to you
my earthbound words,
my clumsy attempt at flight;
let's see whether you scatter
your birdseed in my ode.

ODE TO THE LIZARD

On the sand
a
lizard
with a sandy tail.

Debajo
de una hoja
su cabeza
de hoja.

De qué planeta
o brasa
fría y verde,
caíste?
De la luna?
Del más lejano frío?
O desde
la esmeralda
ascendieron tus colores
en una enredadera?

Del tronco
carcomido
eres
vivísimo
retoño,
flecha
de su follaje.
En la piedra
eres piedra
con dos pequeños ojos
antiguos:
los ojos de la piedra.
Cerca
del agua
eres
légamo taciturno
que resbala.
Cerca
de la mosca
eres el dardo
del dragón que aniquila.

Y para mí,
la infancia,

Beneath
a leaf,
a leaflike
head.

From what planet,
from what
cold green ember
did you fall?
From the moon?
From frozen space?
Or from
the emerald
did your color
climb the vine?

On a rotting
tree trunk
you are
a living
shoot,
arrow
of its foliage.
On a stone
you are a stone
with two small, ancient
eyes—
eyes of the stone.
By the
water
you are
silent, slippery
slime.
To
a fly
you are the dart
of an annihilating dragon.

And to me,
my childhood,

la primavera
cerca
del río
perezoso,
eres
tú!
lagartija,
fría, pequeña
y verde:
eres una remota
siesta
cerca de la frescura,
con los libros cerrados.

El agua corre y canta.

El cielo, arriba, es una
corola calurosa.

ODA A LA LUNA DEL MAR

Luna
de la ciudad,
me pareces
cansada,
oscura
me pareces
o amarilla,
con algo
de uña gastada
o gancho de candado,
cadavérica,
vieja,
borrascosa,
tambaleante
como una

spring
beside
a lazy
river,
that's
you!
lizard,
cold, small
and green;
you are a long-ago
siesta
beside cool waters,
with books unopened.

The water flows and sings.

The sky, overhead, is a
warm corolla.

ODE TO THE MOON OF THE SEA

City
moon,
you look tired
to me,
you look
dark
or yellowed,
a broken
fingernail,
a padlock's "u,"
cadaverous,
time worn,
squally,
tumbling
like a tarnished–

religiosa oxidada
en el transcurso
de las metálicas
revoluciones:
luna
transmigratoria,
respetable,
impasible:
tu
palidez
ha visto
barricadas
sangrientas,
motines
del pueblo que sacude
sus cadenas,
amapolas
abiertas
sobre
la guerra
y sus
exterminados
y allí, cansada, arriba,
con tus párpados viejos,
cada vez
más cansada,
más
triste,
más rellena con humo,
con sangre, con tabaco,
con infinitas interrogaciones,
con el sudor nocturno
de las panaderías,
luna
gastada
como
la única muela
del cielo
de la noche

silver nun
through
metallic
revolutions:
transmigratory
moon,
respectable,
impassive,
your
pallor
has witnessed
bloody
barricades,
rebellions
of peoples shaking off
their chains,
seen full-blown
poppies
open
over
fields
of war dead,
there, aloft, exhausted,
your bleary eyelids
ever
lower,
sadder,
more
teary from smoke,
from blood, tobacco,
from endless interrogations,
the dripping sweat of
all-night bakeries,
ground-
down
moon,
the one remaining
tooth
in the gums

desdentada.
De pronto
llego
al mar
y otra luna
me pareces,
blanca,
mojada
y fresca
como
yegua
reciente
que corre
en el rocío,
joven
como una perla,
diáfana
como frente
de sirena.
Luna
del mar,
te lavas
cada noche
y amaneces
mojada
por una aurora eterna,
desposándote
sin cesar con el cielo, con el aire,
con el viento marino,
desarrollada cada
nueva hora
por el interno impulso
vital de la marea,
limpia como las uñas
en la sal
del océano.

Oh, luna de los mares,
luna

of night.
But when
I reach
the sea,
you seem
a different moon,
white,
moist
and cool
as
a
filly
frolicking
in the dew,
youthful
as a pearl,
diaphanous
as a siren's
brow.
Moon
of the sea,
each night
you wash yourself
and wake
misted
by eternal dawn,
wed ceaselessly
with sky, with air,
with sea wind,
gradually
expelled
by the rhythmic
contractions of the tide,
clean as fingernails
in ocean
brine.

Oh, moon of the seas,
my

mía,
cuando
de las calles
regreso,
de mi número
vuelvo,
tú me lavas
el polvo,
el sudor
y las manchas
del camino,
lavandera
marina,
lavas
mi corazón cansado,
mi camisa.
En la noche
te miro,
pura,
encendida
lámpara
del cielo,
fresca, recién nacida
entre las olas,
y me duermo
bajo te esfera limpia,
reluciente,
de universal reloj,
de rosa blanca.
Amanezco
nuevo, recién vestido,
lavado por tus manos,
lavandera,
bueno para el trabajo
y la batalla:
Tal vez tu paz, tu nimbo
nacarado,
tu nave
entre las olas,

moon,
when
I return
from the streets,
come back
from numbers,
you wash away
the dust,
the sweat,
the stains
of the highway,
marine
laundress,
you wash
my weary heart,
my shirt.
At night
I gaze at you,
pure
lighted
lamp
of the sky,
fresh, newborn
from the waves,
and I sleep
beneath your limpid,
shining sphere,
universal clock,
white rose.
I waken
new, newly clothed,
washed by your hands,
laundress,
ready for work
and battle.
Perhaps your peace, your
nacreous nimbus,
your ship
riding the waves,

eterna, renaciendo
con la sombra,
tiene que ver conmigo
y a tu fresca
eternidad de plata
y de marea
debe mi corazón
su levadura.

ODA AL NIÑO DE LA LIEBRE

A la luz del otoño
en el camino
el niño
levantaba en sus manos
no una flor
ni una lámpara
sino una liebre muerta.

Los motores rayaban
la carretera fría,
los rostros no miraban
detrás
de los cristales,
eran ojos
de hierro,
orejas
enemigas,
rápidos dientes
que relampagueaban
resbalando
hacia el mar y las ciudades,
y el niño
del otoño
con su liebre,
huraño

eternal, reborn
with shadow,
affect me,
and to your fresh
eternity of silver
and tides
my heart owes
its leaven.

ODE TO A BOY WITH A HARE

On the high road
in the autumn light
a boy
held in his hands
not a flower
or a lantern
but a dead hare.

Automobiles striped
the cold roadway,
through their windshields
stared
unseeing faces,
iron
eyes,
alien
ears,
teeth
quickly glimpsed,
lightning flashing
toward sea and cities,
and the
autumn boy
with his hare,
chary

como un cardo,
duro
como una piedrecita,
allí
levantando
una mano
hacia la exhalación
de los viajeros.
Nadie
se detenía.

Eran pardas
las altas cordilleras,
cerros
color de puma
perseguido,
morado
era
el silencio
y como
dos ascuas
de diamante
negro
eran
los ojos
del niño con su liebre,
dos puntas
erizadas
de cuchillo,
dos cuchillitos negros,
eran los ojos
del niño,
allí perdido
ofreciendo su liebre
en el inmenso
otoño
del camino.

as a thistle,
hard
as a pebble,
standing there
raising
one hand
to the travelers'
exhalations.
No one
stopped.

Dark stood the
cordilleras,
the hills were
the hue of a puma
pursued,
lavender
lay
the silence;
like
two
black diamond
coals
gleamed
the eyes
of the boy with the hare,
tips
of two
upraised blades,
two black knife points,
were the eyes
of the boy
lost there,
offering his hare
in the autumn
immensity
of the road.

ODA AL PICAFLOR

Al colibrí,
volante
chispa de agua,
incandescente gota
de fuego
americano,
resumen
encendido
de la selva,
arco iris
de precisión
celeste:
al
picaflor
un arco,
un
hilo
de oro,
una fogata
verde!

Oh
mínimo
relámpago
viviente,
cuando
se sostiene
en el aire
tu
estructura
de polen,
pluma
o brasa,
te pregunto,
qué cosa eres,
en dónde

ODE TO THE HUMMINGBIRD

To the colibri,
winged
liquid spark,
a shimmering drop
of America's
fire,
symbol
of a vivid
jungle,
rainbow
of celestial
precision:
to the
hummingbird,
an arc,
a
thread
of gold,
green
conflagration!

Oh
diminutive
flash of
lightning energy,
as
you
hover
in the
air,
pollen,
feather,
glowing coal,
I ask you,
how
and where

te originas?
Tal vez en la edad ciega
del diluvio,
en el lodo
de la fertilidad,
cuando
la rosa
se congeló en un puño de antracita
y se matricularon los metales,
cada uno en
su secreta
galería,
tal vez entonces
del reptil
herido
rodó un fragmento,
un átomo
de oro,
la última
escama cósmica, una
gota
del incendio terrestre
y voló
suspendiendo tu hermosura,
tu iridiscente
y rápido zafiro.

Duermes
en una nuez,
cabes en una
minúscula corola,
flecha,
designio,
escudo,
vibración
de la miel, rayo del polen,
eres
tan valeroso
que el halcón

did you begin?
Perhaps in the dark days
before the Flood,
from the mud
of fertility,
when
the rose
hardened into a fist of coal,
and metals formed,
each
in its secret
chamber,
maybe there
from the dying
reptile
one fragment lived,
one atom
of gold,
the last cosmic
reptilian scale,
a drop
of terrestial fire,
and it flew,
creating your beauty,
your vibrating
iridescent sapphire.

You can sleep
in a nut,
disappear in
the smallest corolla,
arrow,
invention,
escutcheon,
quivering
honey, pollen's ray,
you are
so brave
the black-plumed

con su negra emplumadura
no te amedrenta:
giras
como luz en la luz,
aire en el aire,
y entras volando
en el estuche húmedo
de una flor temblorosa
sin miedo
de que su miel nupcial te decapite.
Del escarlata al oro espolvoreado,
al amarillo que arde,
a la rara
esmeralda cenicienta,
al terciopelo anaranjado y negro
de tu tornasolado corselete,
hasta el dibujo
que como
espina de ámbar
te comienza,
pequeño ser supremo,
eres milagro,
y ardes
desde
California caliente
hasta el silbido
del viento amargo de la Patagonia.
Semilla del sol
eres,
fuego
emplumado,
minúscula
bandera
voladora,
pétalo de los pueblos que callaron,
sílaba
de la sangre enterrada,
penacho

falcon
does not awe you:
you dart
like light in light,
air in air,
and plunge
into the moist jewel coffer
of a trembling flower
never fearing to lose your head
in its nuptial honey.
From gold-dusted scarlet
to flaming yellow,
from rare
ashen emerald
to the orange-tinted black velvet
of your sunflower corselet,
from the nib that like an
amber thorn
initiates
your outline,
greatest of small creatures,
you are a miracle,
and you blaze
from
sunny California
to the whistling
icy winds of Patagonia.
Seed
of sunlight,
feathered
fire,
smallest
flying
flag,
petal of silenced peoples,
syllable
of buried blood,
feathered crest

del antiguo
corazón
sumergido.

ODA A PIES DE FUEGO

Con esos
pies
pequeños
parecidos
a abejas,
cómo
gastas
zapatos!
Yo sé
que vas y vienes,
que corres las escalas,
que adelantas al viento.
Antes
de que
te llame
ya has llegado,
y junto a la agresiva
cintura de las costa,
arena, piedra, espinas,
vas
a mi lado,
en los bosques
pisando troncos, mudas
aguas verdes,
o en las calles
andando
intransitables
suburbios, pavimentos
de alquitrán fatigado,
a esa hora

of our ancient
subterranean
heart.

ODE TO FIREFOOT

You have
two little
feet
no bigger than
bees,
but oh, what
you do
to shoes!
I know,
all that coming and going,
up and down ladders,
you outstrip the wind.
Before
I can
call you,
you're there;
you walk the
forbidding coastline,
sand, stone, thorns,
by my side,
in the woods
you tramp through trees and
still green water,
in the suburbs
you stride along
unnavigable
streets,
across pavements
of dejected tar,
and at that hour

en que la luz
del mundo
se deshilacha como
una bandera,
tú, por calles y bosques,
a mi lado
caminas,
bravía, inagotable
compañera,
pero,
Dios mío!
cómo gastas
zapatos!

Apenas
me parece
que llegaron
en su caja
y al abrirla
salieron
bruñidos
como dos
pequeñas herramientas
de combate,
intactos
como
dos monedas
de
oro,
como dos campanitas,
y hoy,
qué veo?
En tus pies
dos erizos
arrugados,
dos puños entreabiertos,
dos informes
pepinos,
dos batracios

when the light
of the world
unravels
like a flag,
in streets or woods,
you walk
beside me,
a dauntless, tireless
companion,
but
oh, my God!
What you do
to shoes!

It seems
only yesterday
you brought them home
in a box,
you opened it
and they emerged
gleaming
like
two army
pistols,
two
gold
coins
in mint
condition,
two little bells,
but today
what do I see?
On your feet
two trodden
chestnut burrs,
two relaxed fists,
two shapeless
cucumbers,
two toads

de cuero
desteñido,
eso,
eso
han llegado
a ser
los dos luceros
hace un mes, sólo un mes
salidos
de la zapatería.

Como
flor amarilla de hermosura,
abierta en la barranca,
o enredadera viva en el ramaje,
como
la calceolaria
o el copihue
o como el amaranto electrizado,
así,
mi cristalina, mi fragante,
asi tú, floreciendo, me acompañas,
y una pajarería, una cascada
de los australes
montes
es
tu corazón
cantando
junto al mío,
pero,
cómo
te comes
los zapatos,
Pies de Fuego!

of faded
leather,
that,
that's
what's
become of
two bright stars that
a month ago, only a month ago,
left
the store.

You are
a beautiful yellow flower
perfuming the ravine,
a vine flowering in the treetops,
calceolaria,
copihue,
vibrant amaranth,
crystalline,
fragrant,
blooming,
with me always,
the chorus of an aviary,
a waterfall
in southern
mountains,
your heart
sings
with mine,
but oh,
Firefoot,
how you
burn up
shoes!

III
THIRD BOOK OF ODES

ODAS DE TODO EL MUNDO

Odas para el que pase
galopando
bajo ramas mojadas
en invierno.

Odas
de todos
los colores y tamaños,
seráficas, azules
o violentas,
para comer,
para bailar,
para seguir las huellas en la arena,

para ser y no ser.

Yo vendo odas
delgadas
en ovillo,
como alambre,
otras como cucharas,
vendo
algunas selváticas,
corren con pies de puma:
se deben manejar
con precaución, con rejas:
salieron
de los antiguos bosques,
tienen hambre.

También escribo
para costureras
odas
de inclinación doliente,
cubiertas por
el

ODES FOR EVERYONE

Odes for the person
galloping
beneath wet branches
in wintertime.

Odes
of all
colors and sizes,
seraphic, azure
or violent,
odes to eat,
odes to dance,
odes to track in the sand,

to be and not to be.

I sell fine-stranded
odes
wound in a ball,
odes like wire,
some like spoons,
I sell
jungle odes
that run on puma feet:
they must be handled
with care, behind bars,
they come
from age-old forests,
they are hungry.

I also write
for seamstresses
odes
of sorrowful disposition,
drenched in
the

aroma
enterrado
de las lilas.

Otras
tienen
silvestres minerales,
dureza de los montes
de mi patria,
o simplemente
amor ultramarino.

En fin,
decidirán ustedes
lo que llevan:
tomates
o venados
o cemento,
oscuras alegrías infundadas,
trenes
que
silban
solos
transmigrando
por regiones
con frío y aguacero.

De todo
un poco
tengo para todos.

Yo sé
que hay otras
y otras
cosas
rondando alrededor
de la noche o debajo
de los muebles o adentro
del corazón

buried
scent
of lilacs.

Others
contain
raw minerals,
harsh as the mountains
of my homeland,
or simply
love from across the seas.

Finally,
it will be you who decide
what is in them:
tomatoes
or deer
or cement,
obscure unfounded joy,
trains
that
whistle,
lonely,
transmigrating
through regions
of cold and showers.

I have a little
of everything
for everyone.

I know
there are others,
other
things
prowling about
at night or beneath
the furniture or deep within
the forgotten

perdido.
Sí,
pero
tengo tiempo,
tengo aún mucho tiempo,
—tengo una caracola
que recoge
la tenaz melodía
del secreto
y la guarda
en su caja
convertida en martillo o mariposa—
tiempo

para
mirar
piedras sombrías

o recoger
aún
agua olvidada

y para darte
a ti
o a quien lo quiera
la primavera larga de mi lira.

Así, pues,
en tus manos
deposito
este atado
de flores y herraduras

y adiós,

hasta más tarde:

hasta más pronto:

heart.
Yes,
but
I have time,
plenty of time still
—I have a conch shell
that collects
the lasting melody
of secrets
and hoards them
in its chamber,
now hammers or butterflies—
time

to
look at
somber stones

time still
to store
forgotten waters

and to give
to you
or whoever may want it
the long springtime of my lyre.

And, so,
in your hands
I place
this medley
of flowers and horseshoes

and so long,

see you later,

see you soon,

hasta que todo
sea
y sea canto.

ODA A LA ABEJA

Multitud de la abeja!
Entra y sale
del carmín, del azul,
del amarillo,
de la más suave
suavidad del mundo:
entra en
una corola
precipitadamente,
por negocios,
sale
con traje de oro
y cantidad de botas
amarillas.

Perfecta
desde la cintura,
el abdomen rayado
por barrotes oscuros,
la cabecita
siempre
preocupada
y las
alas
recién hechas de agua:
entra
por todas las ventanas olorosas,
abre
las puertas de la seda,
penetra por los tálamos

when all things
become,
become song.

ODE TO BEES

Multitude of bees!
In and out of the
crimson, the blue,
the yellow,
of the softest
softness in the world;
you tumble
headlong
into a corolla
to conduct your business,
and emerge
wearing a golden suit
and quantities of
yellow boots.

The waist,
perfect,
the abdomen striped
with dark bars,
the tiny,
ever-busy
head,
the
wings,
newly made of water;
you enter
every sweet-scented window,
open
silken doors,
penetrate the bridal chamber

del amor más fragante,
tropieza
con
una
gota
de rocío
como con un diamante
y de todas las casas
que visita
saca
miel
misteriosa,
rica y pesada
miel, espeso aroma,
líquida luz que cae en goterones,
hasta que a su
palacio
colectivo
regresa
y en las góticas almenas
deposita
el producto
de la flor y del vuelo,
el sol nupcial seráfico y secreto!
Multitud de la abeja!
Elevación
sagrada
de la unidad,
colegio
palpitante!

Zumban
sonoros
números
que trabajan
el néctar,
pasan
veloces
gotas

of the most fragrant
love,
discover
a
drop
of diamond
dew,
and from every house
you visit
you remove
honey,
mysterious,
rich and heavy
honey, thick aroma,
liquid, guttering light,
until you return
to your
communal
palace
and on its gothic parapets
deposit
the product
of flower and flight,
the seraphic and secret nuptial sun!
Multitude of bees!
Sacred
elevation
of unity,
seething
schoolhouse.

Buzzing,
noisy
workers
process
the nectar,
swiftly
exchanging
drops

de ambrosía:
es la siesta
del verano en las verdes
soledades
de Osorno. Arriba
el sol clava sus lanzas
en la nieve,
relumbran los volcanes,
ancha
como
los mares
es la tierra,
azul es el espacio,
pero
hay algo
que tiembla, es
el quemante
corazón
del verano,
el corazón de miel
multiplicado,
la rumorosa
abeja,
el crepitante
panal
de vuelo y oro!

Abejas,
trabajadoras puras,
ojivales
obreras,
finas, relampagueantes
proletarias,
perfectas,
temerarias milicias
que en el combate atacan
con aguijón suicida,
zumbad,
zumbad sobre

of ambrosia;
it is summer
siesta in the green
solitudes
of Osorno. High above,
the sun casts its spears
into the snow,
volcanoes glisten,
land
stretches
endless
as the sea,
space is blue,
but
something
trembles, it is
the fiery
heart
of summer,
the honeyed heart
multiplied,
the buzzing
bee,
the crackling
honeycomb
of flight and gold!

Bees,
purest laborers,
ogival
workers,
fine, flashing
proletariat,
perfect,
daring militia
that in combat attack
with suicidal sting;
buzz,
buzz above

los dones de la tierra,
familia de oro,
multitud del viento,
sacudid el incendio
de las flores,
la sed de los estambres,
el agudo
hilo
de olor
que reúne los días,
y propagad
la miel
sobrepasando
los continentes húmedos, las islas
más lejanas del cielo
del oeste.

Sí:
que la cera levante
estatuas verdes,
la miel
derrame
lenguas
infinitas,
y el océano sea
una
colmena,
la tierra
torre y túnica
de flores,
y el mundo
una cascada,
cabellera,
crecimiento
incesante
de panales!

the earth's endowments,
family of gold,
multitude of the wind,
shake the fire
from the flowers,
thirst from the stamens,
the sharp,
aromatic
thread
that stitches together the days,
and propagate
honey,
passing over
humid continents, the most
distant islands of the
western sky.

Yes:
let the wax erect
green statues,
let honey
spill in
infinite
tongues,
let the ocean be
a
beehive,
the earth
tower and tunic
of flowers,
and the world
a waterfall,
a comet's tail, a
never-ending
wealth
of honeycombs!

ODA AL ALBAÑIL TRANQUILO

El albañil
dispuso
los ladrillos.
Mezcló la cal, trabajó
con arena.

Sin prisa, sin palabras,
hizo sus movimientos
alzando la escalera,
nivelando
el cemento.

Hombros redondos, cejas
sobre unos ojos
serios.

Pausado iba y venía
en su trabajo
y de su mano
la materia
crecía.
La cal cubrió los muros,
una columna
elevó su linaje,
los techos
impidieron la furia
del sol exasperado.

De un lado a otro iba
con
tranquilas manos
el albañil
moviendo
materiales.
Y al fin
de

ODE TO THE GENTLE BRICKLAYER

The bricklayer
laid out
his bricks.
He mixed the lime, working
it with sand.

Unhurried, silent,
he performed his task,
setting up the ladder,
leveling
the cement.

Rounded shoulders, eyebrows
above serious
eyes.

Deliberate, he came
and went in his work,
and beneath his hand
his creation
grew.
Plaster covered walls,
a column
thrust skyward,
a roof
forestalled the fury
of an angry sun.

Back and forth went
the bricklayer,
his gentle
hands
working
his materials.
And by the end
of

la semana,
las columnas, el
arco,
hijos de
cal, arena,
sabiduría y manos,
inauguraron
la sencilla firmeza
y la frescura.

Ay, qué lección
me dio con su trabajo
el albañil tranquilo!

ODA A UN ALBATROS VIAJERO

Un gran albatros
gris
murió aquel día.
Aquí cayó
en las húmedas
arenas.
           En este
mes
opaco, en
este día
de otoño plateado
y lloviznero,
parecido
a una red
con peces fríos
y agua
de mar.
           Aquí
cayó

the week,
the columns and the
arch,
children of
lime, sand,
wisdom and hands,
celebrated
simplicity, solid
and cool.

Ah, what a lesson
I learned
from the gentle bricklayer!

ODE TO THE VOYAGER ALBATROSS

A great gray
albatross
died the other day.
Here's where it fell
upon the wet
sands.
          In this
gloomy
month, on
a silvery,
drizzly
autumn
day
like a web
of cold fish
and seawater.
          This
is where
it fell

muriendo
el ave magna.

Era
en
la muerte
como una cruz negra.
De punta a punta de ala
tres metros de plumaje
y la cabeza curva
como un gancho
con los ojos ciclónicos
cerrados.

Desde Nueva Zelandia
cruzó todo el océano
hasta
morir en Chile.

Por qué? Por qué? Qué sal,
qué ola, qué viento
buscó en el mar?
Qué levantó su fuerza
contra todo
el espacio?
Por qué su poderío
se probó en las más duras
soledades?
O fue su meta
la magnética rosa
de una estrella?
Nadie
podrá saberlo, ni decirlo.

El océano en este
ancho sendero
no tiene
isla ninguna,
y el albatros errante

dying,
the *magna avis*.

It
was
in death
a cross of black.
The wings spanned
three feathered meters,
the head curved
like a hook,
the cyclonic eyes were
tightly sealed.

From New Zealand
it had crossed an ocean
to die
in Chile.

Why? Why? What salt,
what wave, what wind could
it have sought in the sea?
Why pit its strength
against all
space?
Why test
its powers in the harshest
solitudes?
Or was its goal
the magnet
of a star?
No one
will ever know, or tell.

No island breaks
this broad
expanse
of ocean,
and the albatross, tracing

en la interplanetaria
parábola
del victorioso vuelo
no encontró sino días,
noches, agua,
soledades,
espacio.

Él, con sus alas, era
la energía,
la dirección, los ojos
que vencieron
sol y sombra:
el ave
resbalaba en el cielo
hacia
la más
lejana
tierra
desconocida.

Pájaro extenso, inmóvil
parecías
volando
entre los continentes
sobre mares perdidos,
un solo
temblor de ala,
un ágil
golpe de campana y pluma:
así cambiaba apenas
tu majestad el rumbo
y triunfante seguías
fiel en el implacable,
desierto
derrotero.

Hermoso eras girando
apenas

a parabola
of victorious flight
between planets,
encountered only days,
nights, water,
solitude, and
space.

In flight, the bird was
energy,
direction, eyes
conquering
sun and shadow,
as it
slipped
through the skies
toward
the farthest
unknown
land.

Far-ranging bird, aloft
you seemed
suspended
between continents
over lost seas,
a flick
of a wing,
a bell clap
of feathers:
majestically, you changed
your course a fraction
and, triumphant and true,
continued on your implacable,
lonely
route.

How beautiful you were,
wheeling

entre la ola y el aire,
sumergiendo la punta
de tu ala en el océano
o sentándote en medio
de la extensión marina
con las alas cerradas como un cofre
de secretas alhajas,
balanceado
por las
solitarias
espumas
como una profecía
muda
en el movimiento de los salmos.

Ave albatros, perdón,
dije, en silencio,
cuando lo vi extendido,
agarrotado
en la arena, después
de la inmensa
travesía.
Héroe, le dije, nadie
levantará sobre la tierra
en una
plaza de pueblo
tu arrobadora
estatua,
nadie.
Allí tendrán en medio
de los tristes laureles
oficiales
al hombre de bigotes
con levita o espada,
al que mató
en la guerra
a la aldeana,
al que con un solo
obús sangriento

between wave and air,
trailing the tip
of a wing in the sea
or resting in the vast
oceanic expanse,
wings closed like a coffer
of secret jewels,
rocked
on the
lonely
foam
like a mute
prophecy
in the movement of the psalms.

I'm sorry, albatross,
I thought
when I saw you lying
rigid
on the sand after
your intrepid
crossing.
Hero, I said, no one
will erect
on the soil
of some public plaza
your inspiring
statue,
no one.
Instead, amid
somber official laurels
will be installed
a mustached man
in frock coat or with sword,
a man who killed
a peasant woman
in the war,
a man who with a single
bloody shell

hizo polvo
una escuela
de muchachas,
al que usurpó
las tierras
de los indios,
o al cazador
de palomas, al
exterminador
de cisnes negros.

Sí,
no esperes,
dije
al rey del viento,
al ave de los mares,
no esperes
un túmulo
erigido
a tu proeza,
y mientras
tétricos ciudadanos
congregados en torno a tus despojos
te arrancaban
una pluma, es decir,
un pétalo, un mensaje
huracanado,
yo me alejé
para que,
por lo menos,
tu recuerdo,
sin piedra, sin estatua,
en estos versos vuele
por vez postrera contra
la distancia
y quede así cerca del mar tu vuelo.

Oh, capitán oscuro,
derrotado en mi patria,

demolished
a school for
little girls,
a man who usurped
the Indians'
lands,
a hunter
of doves,
exterminator
of black swans.

Oh
no,
I said
to the king of the wind,
the bird of the seas,
don't expect
them to erect
a monument
to your feats;
and while
melancholy spectators
gathered around your remains,
plucking
a feather,
a petal, a message
from a hurricane,
I walked away,
so that,
at least,
your memory,
without a stone, without a statue,
might on these lines fly
for the last time into
space
and your flight near to the sea.

Oh, dark captain,
defeated in my country,

ojalá que tus alas
orgullosas
sigan volando sobre
la ola final, la ola de la muerte.

ODA AL ALGARROBO MUERTO

Caminábamos desde
Totoral, polvoriento
era nuestro planeta:
la pampa circundada
por el celeste cielo:
calor y clara luz en el vacío.
Atravesábamos
Barranca Yaco
hacia las soledades de Ongamira
cuando
tendido sobre la pradera
hallamos
un árbol derribado,
un algarrobo muerto.

La tempestad
de anoche
levantó sus raíces
argentinas
y las dejó crispadas
como una cabellera de frenéticas crines
clavadas en el viento.
Me acerqué y era tal
su fuerza herida,
tan heroicas sus ramas en el suelo,
irradiaba su copa
tal majestad terrestre,
que cuando
toqué su tronco

may your proud
wings
still soar above
the final wave, the wave of death.

ODE TO A DEAD CAROB TREE

We were traveling from
Totoral, dusty
was our planet,
pampa encircled
by azure sky:
heat and light in emptiness.
It was
passing through
Yaco Barranca
toward forsaken Ongamira
that we saw
horizontal on the prairie
a toppled giant,
a dead carob tree.

Last night's
storm
ripped out its silvery
roots,
left them twisted
like tangled hair, a tortured mane
unmoving in the wind.
I walked closer, and such
was its ruined strength,
so heroic the branches on the ground,
the crown radiating such
earthy majesty,
that when
I touched its trunk

yo sentí que latía
y una ráfaga
del corazón del árbol
me hizo cerrar los ojos
y bajar
la cabeza.

Era duro y arado
por el tiempo, una firme
columna trabajada
por la lluvia y la tierra,
y como un candelabro repartía
sus redondeados
brazos de madera
desde donde
luz verde y sombra verde
prodigó a la llanura.

Al algarrobo
duro, firme
como
una copa de hierro,
llegó
la tempestad americana,
el aquilón
azul
de la pradera
y de un golpe de cielo
derribó su hermosura.

Allí quedé mirando
lo que hasta ayer
enarboló
rumor silvestre y nidos
y no lloré
porque mi hermano muerto
era tan bello en muerte como en vida.

I felt it throbbing,
and a surge
from the heart of the tree
made me close my eyes
and bow
my head.

It was sturdy and furrowed
by time, a strong
column carved
by earth and rain,
and like a candelabrum
it had spread its rounded
arms of wood
to lavish
green light and shadow
on the plain.

The American
storm, the
blue
north wind
of the prairie,
had overtaken
this sturdy carob,
goblet
strong as iron,
and with a blast from the sky
had felled its beauty.

I stood there staring
at what only yesterday
had harbored
forest sounds and nests,
but I did not weep
because my dead brother
was as beautiful in death as in life.

Me despedí. Y allí quedó
acostado
sobre la tierra madre.

Dejé al viento
velándolo y llorándolo
y desde lejos vi
que
aún
acariciaba su cabeza.

Totoral, 19 enero 1956.

ODA A LAS ALGAS DEL OCÉANO

No conocéis tal vez
las desgranadas
vertientes
del océano.
En mi patria
es la luz
de cada día.
Vivimos
en el filo
de la ola,
en el olor del mar,
en su estrellado vino.

A veces
las altas
olas
traen
en la palma
de una
gran mano verde
un tejido

I said good–bye. And left it
lying there
on the mother earth.

I left the wind
keeping watch and weeping,
and from afar I saw
the
wind
caressing its head.

Totoral, January 19, 1956.

ODE TO SEAWEEDS

You may not know
the spilling beads
of the slopes
of the ocean
In my homeland,
ocean is the light
of each new day.
We live
on the edge
of the wave,
with the smell of the sea,
with its starry wine.

At times
the high
waves
bear
in the palm
of a
great green hand
a quivering

tembloroso:
la tela
inacabable
de las algas.
Son
los enlutados
guantes
del océano,
manos
de ahogados,
ropa
funeraria,
pero
cuando
en lo alto
del muro de la ola,
en la campana
del mar,
se transparentan,
brillan
como
collares
de las islas,
dilatan
sus rosarios
y la suave turgencia
naval de sus pezones
se balancea
al peso
del aire que las toca!

Oh despojos
del gran
torso marino
nunca desenterrado,
cabellera
del cielo submarino,
barba de los planetas
que rodaron

web:
the never-finished
cloth
of seaweeds.
They are
the mourning
gloves
of the ocean,
hands
of the drowned,
widow's
weeds,
but
when
on the crest
of a wall of waves,
in the bell
of the sea,
light gleams through them,
they shine
like
necklaces
of the islands,
bestow
their rosaries,
and the gentle nautical
swell of their nipples
sways
beneath the touch
of the caressing air!

Oh, plunder
from the great
torso of the sea,
never unearthed,
comet
of an underwater sky,
beard of planets
that orbited

ardiendo
en el océano.
Flotando sobre
la noche y la marea,
tendidas
como balsas
de pura
perla y goma,
sacudidas
por un pez, por el sol, por el latido
de una sola sirena,
de pronto
en una
carcajada de furia,
el mar
entre las piedras
del litoral los deja
como jirones
pardos
de bandera,
como flores caídas de la nave.
Y allí
tus manos, tus pupilas
descubrirán
un húmedo universo de frescura,
la transparencia del
racimo
de las viñas sumergidas,
una gota
del tálamo
marino,
del ancho lecho azul
condecorado
con escudos de oro,
mejillones minúsculos,
verdes protozoarios.

Anaranjadas, oxidadas formas
de espátula, de huevo

blazing
in the ocean.
Floating on
the night and the tide,
riding
like rafts
of gelatinous
pearls,
shaken
by a fish, the sun, the throb
of a single siren,
suddenly
with a
bellow of fury,
the sea spreads its spoils
among the rocks
of the shore
like dark
tatters
of a flag,
like flowers fallen from a ship.
And there
your hands, your eyes,
will discover
a moist universe of coolness,
the transparency of
the fruit
of submerged vines,
a drop
from a marine
bridal couch,
the wide blue bed
encrusted
with coins of gold
minuscule mussels,
green protozoa.

Orange, rusted spatulate
shapes, eggs

de palmera,
abanicos
errantes
golpeados
por el
inacabable
movimiento
del corazón
marino,
islas de los sargazos
que hasta mi puerta
llegan
con el despojo
de
los arcoiris,
dejadme
llevar en mi cuello, en mi cabeza,
los pámpanos mojados
del océano,
la cabellera muerta
de la ola.

ODA A UN GRAN ATÚN EN EL MERCADO

En el mercado verde,
bala
del profundo
océano
proyectil
natatorio,
te vi,
muerto.

Todo a tu alrededor
eran lechugas,

of date palms,
drifting
fans
flailed
by the
eternal
flux
of a marine
heart,
islands of sargasso
that reach
my door
with the plunder
of
the rainbow,
let me
wear around my neck, on my head,
the wet vine tendrils
of the ocean,
the spent comet
of the wave.

ODE TO A LARGE TUNA
IN THE MARKET

Among the market greens,
a bullet
from the ocean
depths,
a swimming
projectile,
I saw you,
dead.

All around you
were lettuces,

espuma
de la tierra,
zanahorias,
racimos,
pero
de la verdad
marina,
de lo desconocido,
de la
insondable
sombra,
agua
profunda,
abismo,
sólo tú sobrevivías
alquitranado, barnizado,
testigo
de la profunda noche.

Sólo tú, bala oscura
del abismo,
certera,
destruida
sólo en un punto,
siempre
renaciendo,
anclando en la corriente
sus aladas aletas,
circulando
en la velocidad,
en el transcurso
de
la
sombra
marina
como enlutada flecha,
dardo del mar,
intrépida aceituna.

sea foam
of the earth,
carrots,
grapes,
but
of the ocean
truth,
of the unknown,
of the
unfathomable
shadow, the
depths
of the sea,
the abyss,
only you had survived,
a pitch-black, varnished
witness
to deepest night.

Only you, well-aimed
dark bullet
from the abyss,
mangled
at one tip,
but constantly
reborn,
at anchor in the current,
winged fins
windmilling
in the swift
flight
of
the
marine
shadow,
a mourning arrow,
dart of the sea,
olive, oily fish.

Muerto te vi,
difunto rey
de mi propio océano,
ímpetu
verde, abeto
submarino,
nuez
de los maremotos,
allí,
despojo muerto,
en el mercado
era
sin embargo
tu forma
lo único dirigido
entre
la confusa derrota
de la naturaleza:
entre la verdura frágil
estabas
solo como una nave,
armado
entre legumbres,
con ala y proa negras y aceitadas,
como si aún tú fueras
la embarcación del viento.
la única
y pura
máquina
marina:
intacta navegando
las aguas de la muerte.

I saw you dead,
a deceased king
of my own ocean,
green
assault, silver
submarine fir,
seed
of seaquakes,
now
only dead remains,
yet
in all the market
yours
was the only
purposeful form
amid
the bewildering rout
of nature;
amid the fragile greens
you were
a solitary ship,
armed
among the vegetables,
fin and prow black and oiled,
as if you were still
the vessel of the wind,
the one and only
pure
ocean
machine:
unflawed, navigating
the waters of death.

ODA A LA BICICLETA

Iba
por el camino
crepitante:
el sol se desgranaba
como maíz ardiendo
y era
la tierra
calurosa
un infinito círculo
con cielo arriba
azul, deshabitado.

Pasaron
junto a mí
las bicicletas,
los únicos
insectos
de aquel
minuto
seco del verano,
sigilosas,
veloces,
transparentes:
me parecieron
sólo
movimientos del aire.

Obreros y muchachas
a las fábricas
iban
entregando
los ojos
al verano,
las cabezas al cielo,
sentados
en los

ODE TO BICYCLES

I was walking
down
a sizzling road:
the sun popped like
a field of blazing maize,
the
earth
was hot,
an infinite circle
with an empty
blue sky overhead.

A few bicycles
passed
me by,
the only
insects
in
that dry
moment of summer,
silent,
swift,
translucent;
they
barely stirred
the air.

Workers and girls
were riding to their
factories,
giving
their eyes
to summer,
their heads to the sky,
sitting on the
hard

élitros
de las vertiginosas
bicicletas
que silbaban
cruzando
puentes, rosales, zarza
y mediodía.

Pensé en la tarde cuando
los muchachos
se laven,
canten, coman, levanten
una copa
de vino
en honor
del amor
y de la vida,
y a la puerta
esperando
la bicicleta
inmóvil
porque
sólo
de movimiento fue su alma
y allí caída
no es
insecto transparente
que recorre
el verano,
sino
esqueleto
frío
que sólo
recupera
un cuerpo errante
con la urgencia
y la luz,
es decir,
con

beetle backs
of the whirling
bicycles
that whirred
as they rode by
bridges, rosebushes, brambles
and midday.

I thought about evening when
the boys
wash up,
sing, eat, raise
a cup
of wine
in honor
of love
and life,
and waiting
at the door,
the bicycle,
stilled,
because
only moving
does it have a soul,
and fallen there
it isn't
a translucent insect
humming
through summer
but
a cold
skeleton
that will return to
life
only
when it's needed,
when it's light,
that is,
with

la
resurrección
de cada día.

ODA AL BUQUE EN LA BOTELLA

Nunca navegó
nadie
como en tu barco:
el día
transparente
no tuvo
embarcación ninguna
como
ese mínimo
pétalo
de vidrio
que aprisionó
tus formas
de rocío,
botella,
en cuyo
viento
va el velero,
botella,
sí,
o viviente
travesía,
esencia
del trayecto,
cápsula
del amor sobre las olas,
obra
de las sirenas!

Yo sé que
en tu garganta

the
resurrection
of each day.

ODE TO A SHIP IN A BOTTLE

No one ever
sailed
as your ship sails;
transparent
day
never saw
a vessel
like that
tiny
petal
of glass
imprisoned
in your clasp
of dew,
bottle,
your winds
fill
its sails,
bottle,
yes,
substance of
sea voyage,
essence
of trajectory,
capsule
of love upon the waves,
work
of sirens!

I know that
through your delicate

delicada
entraron
pequeñitos
carpinteros
que volaban
en una abeja, moscas que traían
en su lomo
herramientas,
clavos, tablas,
cordeles
diminutos,
y así en una botella
el perfecto navío
fue creciendo:
el casco fue la nuez de su hermosura,
como alfileres elevó sus palos.

Entonces
a
sus
pe-
que-
ñí-
simas
islas
regresó el astillero
y para navegar
en la botella
entró
cantando
la minúscula, azul
marinería.

Así, botella,
adentro
de tu
mar, de tu cielo,
se levantó
un navío

throat
passed
tiny
carpenters
on the backs
of bees, that flies
hauled in
tools,
nails, boards,
the finest strands
of rope;
and thus, within a bottle,
the perfect ship
took form:
the hull was the kernel of its beauty,
the masts rose thin as pins.

Then
to
their
in-
fini-
tes-
imal
islands
the shipbuilders returned,
and to sail the ship
inside the bottle
came,
singing,
a miniature crew
in blue.

And so, bottle,
within
your
sea and sky
was raised
a ship,

pequeño, sí,
minúsculo
para el inmenso mar que lo esperaba:

la verdad
es que nadie
lo construyó
y no navegará sino en los sueños.

ODA A LA CASA ABANDONADA

Casa, hasta luego!
No
puedo decirte
cuándo
volveremos:
mañana o no mañana,
tarde o mucho más tarde.

Un viaje más, pero
esta vez
yo quiero
decirte
cuánto
amamos
tu corazón de piedra:
qué generosa eres
con tu fuego
ferviente
en la cocina
y tu techo
en que cae
desgranada
la lluvia
como si resbalara
la música del cielo!

tiny, no,
minuscule
compared to the enormous waiting sea.

But the truth is,
no one
built it,
and only in dreams will it sail.

ODE TO AN ABANDONED HOUSE

Good-bye for now,
house!
I can't say
when
we'll be back:
tomorrow or another day,
later or perhaps much later.

Another journey, but
this time
I must
tell you
how much
we've loved
your heart of stone:
how generous you are
with the warmth
of your kitchen
fire,
your roof
where
raindrops
fall like tiny grapes,
the slippery music
of the sky!

Ahora
cerramos
tus ventanas
y una opresiva
noche prematura
dejamos instalada
en las habitaciones.

Oscurecida
te quedas viviendo,
mientras
el tiempo te recorre
y la humedad gasta poco a poco tu alma.

A veces una
rata
roe, levantan los papeles
un
murmullo
ahogado,
un insecto
perdido
se golpea,
ciego, contra los muros,
y cuando
llueve en la soledad
tal vez
una gotera
suena
con voz humana,
como si allí estuviera
alguien llorando.

Sólo la sombra
sabe
los secretos
de las casas cerradas,
sólo

Now
we close
your windows
and an oppressive
premature night
takes possession
of every room.

Darkened,
you stay alive,
though
time hovers over you and
dampness slowly consumes your soul.

At times
a rat
gnaws, papers rustle,
a
muffled
murmur,
a strayed
insect
flails
blindly against a wall,
and when it rains
in this loneliness,
the leak
in the roof
sometimes sounds
like a human voice,
as if someone
is weeping.

Only the shadows
know
the secrets
of locked houses,
only

el viento rechazado
y en el techo la luna que florece.

Ahora,
hasta luego, ventana,
puerta, fuego,
agua que hierve, muro!
Hasta luego, hasta luego,
cocina,
hasta cuando
volvamos
y el reloj
sobre la puerta
otra vez continúe palpitando
con su viejo
corazón y sus dos
flechas inútiles
clavadas
en el tiempo.

ODA A LA CASA DORMIDA

Hacia adentro, en Brasil, por altas sierras
y desbocados ríos,
de noche, a plena luna. . .
Las cigarras
llenaban
tierra y cielo
con su telegrafía
crepitante.
Ocupada la noche
por la redonda
estatua
de la luna
y la tierra
incubando

the thwarted wind
and, on the roof, the blossoming moon.

And so, good-bye
for now, window,
door, fire,
boiling water, wall!
Good-bye, good-bye,
kitchen,
until
we return
and the great old heart
of the clock
above the door
begins to beat again,
reviving the
useless arrows
fixed
in time.

ODE TO A SLEEPING HOUSE

Far away, in Brazil, across high sierras
and flooding rivers, one night
in the light of the full moon . . .
Cicadas
filled
earth and sky
with crackling
telegraphy.
Night busied herself
with the round
statues
of the moon
and earth,
with hatching

cosas ciegas,
llenándose
de bosques,
de agua negra,
de insectos victoriosos.

Oh espacio
de la noche
en que no somos:
praderas
en que sólo
fuimos un movimiento en el camino,
algo que corre
y corre
por la sombra. . .

Entramos
en
la
casa nocturna,
ancha, blanca, entreabierta,
rodeada,
como una isla,
por la profundidad de los follajes
y por las olas
claras
de la luna.
Nuestros zapatos por las escaleras
despertaban
otros antiguos
pasos,
el agua
golpeteando
el lavatorio
quería
decir algo.

Apenas
se apagaron las luces

sightless creatures,
creating
forests,
ebony water,
triumphant insects.

Oh, the land
of nights
we have never lived:
meadows where
we were a flicker
of movement on the road,
something running,
running,
through the shadow . . .

We entered
the
sleeping
house,
spacious, white, the door ajar,
an island
encircled
by impenetrable foliage
and the bright
waves
of the moon.
Our shoes on the stair steps
awakened
other ancient
footsteps,
water
dripping
in the basin
had a story
to tell.

We turned out the lights
and immediately

las sábanas
se unieron palpitando
a nuestros sueños.
Todo
giró
en el centro
de la casa en tinieblas
despertada de súbito
por brutales
viajeros.

Alrededor
cigarras,
extensa luna,
sombra,
espacio, soledad
llena de seres,
y silencio
sonoro. . .

La casa entonces
apagó sus ojos,
cerró todas
sus alas
y dormimos.

ODA A UN CINE DE PUEBLO

Amor mío,
vamos
al cine del pueblito.

La noche transparente
gira
como un molino
mudo, elaborando

the quivering
sheets
merged into our dreams.
Everything
whirled
in the center
of the shadowy house,
abruptly awakened
by brutish
latecomers.

All around,
cicadas,
moonlight,
shadow,
space, a solitude
filled with presences
and sonorous
silence.

Then the house
shut its eyes,
folded its many
wings,
and we slept.

ODE TO A VILLAGE MOVIE THEATER

Come, my love,
let's go to the movies
in the village.

Transparent night
turns
like a silent
mill, grinding out

estrellas.
Tú y yo entramos
al cine
del pueblo, lleno de niños
y aroma de manzanas.
Son las antiguas cintas,
los
sueños ya gastados.
La pantalla ya tiene
color de piedra o lluvias.
La bella prisionera
del villano
tiene ojos de laguna
y voz de cisne,
corren
los más vertiginosos
caballos
de la tierra.

Los vaqueros
perforan
con sus tiros
la peligrosa luna
de Arizona.
Con el alma
en un hilo
atravesamos
estos
ciclones
de violencia,
la formidable
lucha
de los espadachines en la torre,
certeros como avispas,
la avalancha emplumada
de los indios
abriendo su abanico en la pradera.

Muchos
de los muchachos

stars.
We enter the
tiny theater, you and I,
a ferment of children
and the strong smell of apples.
Old movies
are
secondhand dreams.
The screen is the color
of stone, or rain.
The beautiful victim
of the villain
has eyes like pools
and a voice like a swan;
the fleetest
horses in the world
careen
at breakneck speed.

Cowboys
make
Swiss cheese of
the dangerous Arizona
moon.
Our hearts
in our mouths,
we thread our way
through
these
cyclones
of violence,
the death-defying
duel of the swordsmen in the tower,
unerring as wasps
the feathered avalanche
of Indians,
a spreading fan on the prairie.

Many of the
village

del pueblo
se han dormido,
fatigados del día en la farmacia,
cansados de fregar en las cocinas.

Nosotros
no, amor mío.
No vamos a perdernos
este sueño
tampoco:
mientras
estemos
vivos
haremos nuestra
toda
la vida verdadera,
pero también
los sueños:
todos
los sueños
soñaremos.

ODA A LA EDAD

Yo no creo en la edad.

Todos los viejos
llevan
en los ojos
un niño,
y los niños
a veces
nos observan
como ancianos profundos.

Mediremos
la vida

boys and girls
have fallen asleep,
tired after a day in the shop,
weary of scrubbing kitchens.

Not we,
my love,
we'll not lose
even this one
dream;
as long
as we
live
we will claim
every minute
of reality,
but claim
dreams as well:
we
will dream
all the dreams.

ODE TO AGE

I don't believe in age.

All old people
carry
in their eyes
a child,
and children
at times
observe us with the
eyes of wise ancients.

Shall we measure
life

por metros o kilómetros
o meses?
Tanto desde que naces?
Cuanto
debes andar
hasta que
como todos
en vez de caminarla por encima
descansemos debajo de la tierra?

Al hombre, a la mujer
que consumaron
acciones, bondad, fuerza,
cólera, amor, ternura,
a los que verdaderamente
vivos
florecieron
y en su naturaleza maduraron,
no acerquemos nosotros
la medida
del tiempo
que tal vez
es otra cosa, un manto
mineral, un ave
planetaria, una flor,
otra cosa tal vez,
pero no una medida.

Tiempo, metal
o pájaro, flor
de largo pecíolo,
extiéndete
a lo largo
de los hombres,
florécelos
y lávalos
con
agua
abierta

in meters or kilometers
or months?
How far since you were born?
How long
must you wander
until
like all men
instead of walking on its surface
we rest below the earth?

To the man, to the woman
who utilized their
energies, goodness, strength,
anger, love, tenderness,
to those who truly
alive
flowered,
and in their sensuality matured,
let us not apply
the measure
of a time
that may be
something else, a mineral
mantle, a solar
bird, a flower,
something, maybe,
but not a measure.

Time, metal
or bird, long
petiolate flower,
stretch
through
man's life,
shower him
with blossoms
and with
bright
water

o con sol escondido.
Te proclamo
camino
y no mortaja,
escala
pura
con peldaños
de aire,
traje sinceramente
renovado
por longitudinales
primaveras.

Ahora,
tiempo, te enrollo,
te deposito en mi
caja silvestre
y me voy a pescar
con tu hilo largo
los peces de la aurora!

ODA AL GALLO

Vi un gallo
de plumaje
castellano:
de tela negra y blanca
cortaron
su camisa,
sus pantalones cortos
y las plumas arqueadas
de su cola.
Sus patas enfundadas
en botas amarillas
dejaban
brillar los espolones

or with hidden sun.
I proclaim you
road,
not shroud,
a pristine
ladder
with treads
of air,
a suit lovingly
renewed
through springtimes
around the world.

Now,
time, I roll you up,
I deposit you in my
bait box
and I am off to fish
with your long line
the fishes of the dawn!

ODE TO A ROOSTER

I saw a rooster
with feathers of Spanish
luster:
black and white cloth
was the stuff
of its shirt,
knee britches,
and arching
tail feathers.
Its feet sheathed
in yellow boots
displayed
the sheen of defiant

desafiantes
y arriba
la soberbia
cabeza
coronada
de sangre
mantenía
toda aquella apostura:
la estatua
del orgullo.
Nunca
sobre
la tierra
vi tal seguridad,
tal gallardía:
era
como si el fuego
enarbolara
la precisión final
de su hermosura:
dos oscuros
destellos
de azabache
eran
apenas
los desdeñosos ojos
del gallo
que caminaba como
si danzara
pisando casi sin tocar la tierra

Pero apenas
un grano
de maíz, un fragmento
de pan vieron sus ojos
los levantó en el pico
como un joyero
eleva
con dedos delicados un diamante,

spurs.
The
proud
head
crowned
with blood
intensified
its scornful stance:
a statue
of pride.
Never
on
earth
had I seen such certainty,
such gallantry:
it was
as if fire
had hoisted its standard
as the finishing touch
to that flamboyant beauty;
two dark
flashes,
two sparks of jet,
were
the
haughty eyes
of this cock
that walked
as if dancing,
feet barely touching the ground.

The moment
a grain
of corn, a crumb
of bread caught its eye,
it held it high in its beak
like a jeweler
with delicate fingers lifting
a diamond,

luego
llamó con guturales oratorias
a sus gallinas
y desde lo alto les dejó caer
el alimento.

Presidente no he visto
con galones y estrellas
adornado
como este
gallo
repartiendo
trigo,
ni he visto
inaccesible
tenor
como este puro
protagonista de oro
que desde
el trono
central de su universo
protegió a las mujeres
de su tribu
sin dejarse en la boca
sino orgullo,
mirando a todos lados,
buscando
el alimento
de la tierra
sólo
para su ávida
familia,
dirigiendo los pasos
al sol, a las vertientes,
a otro grano
de trigo.

Tu dignidad de torre,
de guerrero

then
with guttural eloquence
called its hens
and from on high
dropped the crumb.

I've never seen a president
in gold braid and stars
adorned
like this
rooster
apportioning
corn,
nor have I seen
a tenor
as conceited
as this pure-gold
protagonist
who from
the central throne
of its universe
protected the females
of its house,
keeping nothing for itself
but pride as,
head darting from side to side,
it sought
the staff
of life
only
for its greedy
family,
striding toward the sun,
toward new shores,
for one more grain
of wheat.

Tower of dignity,
benign

benigno,
tu himno
hacia las alturas
levantado,
tu rápido
amor, rapto
de sombras emplumadas,
celebro,
gallo
negro
y blanco,
erguido,
resumen
de la viril integridad campestre,
padre
del huevo frágil, paladín
de la aurora,
ave de la soberbia,
ave sin nido,
que al hombre
destinó su sacrificio
sin someter
su estirpe,
ni derribar su canto.

No necesita vuelo
tu apostura,
mariscal del amor
y meteoro
a tantas excelencias
entregado,
que si
esta
oda
cae
al gallinero
la picarás con displicencia suma
y la repartirás a tus gallinas.

warrior,
hymn
raised
to the skies,
swift movement
of love, ravishment
of feathered shadows,
I praise you,
black
and white
rooster,
strutting
sum
of virile rural honor,
father
of the fragile egg, paladin
of the dawn,
bird of pride
that builds no nest,
that devotes
its services to man
without sacrificing
its kind
or muting its song.

Such proud bearing
needs no flight,
field marshal of love,
meteor
to
so many stars,
if
this
ode
falls
into your roost
you will peck at it with supreme disdain
and divide it up among your hens,

ODA A LA JARDINERA

Sí, yo sabía que tus manos eran
el alhelí florido, la azucena
de plata:
algo que ver tenías
con el suelo,
con el florecimiento de la tierra,
pero
cuando
te vi cavar, cavar,
apartar piedrecitas
y manejar raíces
supe de pronto,
agricultora mía,
que
no sólo
tus manos
sino tu corazón
eran de tierra,
que allí
estabas
haciendo
cosas tuyas,
tocando
puertas
húmedas
por donde
circulan
las
semillas.

Así, pues,
de una a otra
planta
recién
plantada,
con el rostro

ODE TO A WOMAN GARDENING

Yes, I knew that your hands were
the sweet dianthus, the silvery
lily:
knew that you were allied
with the soil,
with the flowering of the earth,
but
when
I saw you digging, digging,
removing rocks
and coping with roots,
I knew at once,
my little farmer,
that
not only
your hands
but your heart
were of the earth,
that there
you were
working
your wonders,
touching
moist
doors
where
seeds
come
and go.

So, from
one
newly planted
plant
to another,
your face

manchado
por un beso
del barro,
ibas
y regresabas
floreciendo,
ibas
y de tu mano
el tallo
de la alstromeria
elevó su elegancia solitaria,
el jazmín
aderezó
la niebla de tu frente
con estrellas de aroma y de rocío.
Todo
de ti crecía
penetrando
en la tierra
y haciéndose
inmediata
luz verde,
follaje y poderío.
Tú le comunicabas
tus semillas,
amada mía,
jardinera roja:
tu mano
se tuteaba
con la tierra
y era instantáneo
el claro crecimiento.

Amor, así también
tu mano
de agua,
tu corazón de tierra,
dieron
fertilidad
y fuerza a mis canciones.

stained
with an earthy
kiss,
you went
back and forth
flowering,
and
from your hand
the stalk
of the amaryllis
raised its solitary elegance,
the jasmine
adorned
the mist of your brow
with stars of aroma and dew.
Everything
grew from you,
penetrating
the earth,
immediately
becoming
green light,
foliage and strength.
You communicated your seeds
to the earth,
my beloved
auburn-haired gardener:
your hand
spoke lovingly
to the earth,
and bright budding
was instantaneous.

Love, so too
your hand
of water,
your heart of earth,
lent
fertility
and force to my songs.

Tocas
mi pecho
mientras duermo
y los árboles brotan
de mi sueño.
Despierto, abro los ojos,
y has plantado
dentro de mí
asombradas estrellas
que suben
con mi canto.

Es así, jardinera:
nuestro amor
es
terrestre:
tu boca es planta de la luz, corola,
mi corazón trabaja en las raíces.

ODA AL LIBRO DE ESTAMPAS

Libro de estampas puras!

Mariposas,
navíos,
formas del mar, corolas,
torres que se inclinaron,
ojos oscuros, húmedos,
redondos como uvas,
libro
liso
como
un
pez
resbaloso,
libro

You touch
my chest
while I sleep
and trees bud
from my dream.
Awake, I open my eyes,
and you have planted
in me
astonished stars
that soar
with my song.

It is true, gardener:
our love
is
earthly:
your mouth is the plant of light, corolla,
my heart toils among the roots.

ODE TO A STAMP ALBUM

Album of perfect stamps!

Butterflies,
ships,
sea shapes, corollas,
leaning towers,
dark eyes, moist and
round as grapes,
album
smooth
as
a
slippery
fish,
with thousands

de mil
escamas,
cada página
corre
como
un corcel
buscando
lejanas cosas, flores
olvidadas!

Otras páginas son
hogueras o claveles,
rojas ramas de piedras
encendidas
por el rubí secreto
o nos revelan
la nieve,
las palomas
de Noruega,
la arquitectura clara del rocío.

Cómo pudieron
unirse
en tu papel
tantas bellezas,
tantas
expediciones
infinitas?

Cómo
llegó
a fulgurar en ti
la inaccesible
luz
de
la mariposa
sambucaria
con sus fosforescentes
poblaciones de orugas,

of glistening
scales,
each page
a
racing
charger
in search of
distant pleasures, forgotten
flowers!

Other pages are
bonfires or carnations,
red clusters of stones
set afire
by a secret ruby,
some display
the snow,
the doves
of Norway,
the architectural clarity of the dew.

How was it possible
to bring
to paper
such beauty,
so many
expeditions
into infinity?

How
possible
to capture
the ineffable
glow
of
the Sambuca
butterfly
and its phosphorescent
caterpillar colonies,

y al mismo
tiempo
aquella
dulce
locomotora
que cruza las praderas
como un
pequeño
toro
ardiente
y duro,
y tantas
plantas de sol lejano,
elegantes
avispas,
serpientes submarinas,
increíbles
camellos?

Mundo de los milagros!

Espiral
insaciable
o cabellera
de todos
los caminos,
diccionario
del viento,
libro
lleno de adoraciones estrelladas,
de magnánimas
frutas y regiones,
tesorero
embarcado
en su tesoro,
granada
desgranada,
libro
errante!

and,
as well,
that
gentle
locomotive
puffing through pastures
like an
iron
bull,
small
but fiery,
and that
fauna from a distant sun,
elegant
wasps,
sea serpents,
incredible
camels?

World of miracles!

Insatiable
spiral,
comet's tail
of all earth's
highways,
dictionary
of the wind,
star-struck album
bulging
with noble
fruits and territories,
treasure-keeper
sailing
on its treasure,
garnet
pomegranate,
nomadic
stamp album!

ODA AL LIMÓN

De aquellos azahares
desatados
por la luz de la luna,
de aquel
olor de amor
exasperado,
hundido en la fragancia,
solió
del limonero el amarillo,
desde su planetario
bajaron a la tierra los limones.

Tierna mercadería!
Se llenaron las costas,
los mercados,
de luz, de oro
silvestre,
y abrimos
dos mitades
de milagro,
ácido congelado
que corría
desde los hemisferios
de una estrella,
y el licor más profundo
de la naturaleza,
intransferible, vivo,
irreductible,
nació de la frescura
del limón,
de su casa fragante,
de su ácida, secreta simetría.

En el limón cortaron
los cuchillos
una pequeña

ODE TO THE LEMON

From blossoms
released
by the moonlight,
from an
aroma of exasperated
love,
steeped in fragrance,
yellowness
drifted from the lemon tree,
and from its planetarium
lemons descended to the earth.

Tender yield!
The coasts,
the markets glowed
with light, with
unrefined gold;
we opened
two halves
of a miracle,
congealed acid
trickled
from the hemispheres
of a star,
the most intense liqueur
of nature,
unique, vivid,
concentrated,
born of the cool, fresh
lemon,
of its fragrant house,
its acid, secret symmetry.

Knives
sliced a small
cathedral

catedral,
el ábside escondido
abrió a la luz los ácidos vitrales
y en gotas
resbalaron los topacios,
los altares,
la fresca arquitectura.

Así, cuando tu mano
empuña el hemisferio
del cortado
limón sobre tu plato
un universo de oro
derramaste,
una
copa amarilla
con milagros,
uno de los pezones olorosos
del pecho de la tierra,
el rayo de la luz que se hizo fruta,
el fuego diminuto de un planeta.

ODA A LA LUZ MARINA

Otra vez, espaciosa
luz marina
cayendo de los cántaros
del cielo,
subiendo de la espuma,
de la arena,
luz agitada sobre
la extensión del océano,
como un
combate de cuchillos
y relámpagos,
luz de la sal caliente,

in the lemon,
the concealed apse, opened,
revealed acid stained glass,
drops
oozed topaz,
altars,
cool architecture.

So, when you hold
the hemisphere
of a cut lemon
above your plate,
you spill
a universe of gold,
a
yellow goblet
of miracles,
a fragrant nipple
of the earth's breast,
a ray of light that was made fruit,
the minute fire of a planet.

ODE TO LIGHT ON THE SEA

Again, boundless
light on the sea
spilling from the pitchers
of the sky,
rising from the sea foam,
from the sand,
light quickening
on the ocean expanse
like
a skirmish of knives
and lightning,
light of warm salt,

luz del cielo
elevado
como torre del mar sobre las aguas.

Dónde
están las tristezas?

El pecho se abre
convertido
en rama,
la luz sacude
en nuestro
corazón
sus amapolas,
brillan
en el día del mar
las cosas
puras,
las piedras
visitadas
por la ola,
los fragmentos
vencidos
de botellas,
vidrios
del agua,
suaves,
alisados
por sus dedos
de estrella.
Brillan
los
cuerpos
de los hombres salobres,
de las mujeres
verdes,
de los niños
como algas,
como

light from the sky
towering
like a lighthouse on the waters.

Where
is melancholy?

My breast opens
like
a bough,
light's poppies
quiver
in our
hearts,
on this day by the sea
pure
things
glitter,
rocks
visited
by the wave,
vanquished
fragments
of bottles,
the stained glass
of the water
sanded,
smoothed
by its starry
fingers.
How they glitter,
men's
briny
bodies,
green
women,
children
like seaweed,
like

peces que saltan
en el cielo,
y cuando
una ventana
clausurada, un traje,
un monte oscuro,
se atreven
a competir
manchando la blancura,
llega la claridad a borbotones,
la luz
extiende sus mangueras
y ataca la insolente
sombra
con brazos blancos,
con manteles,
con talco y olas de oro,
con estupenda espuma,
con carros de azucena.

Poderío
de la luz madurando en el espacio,
ola que nos traspasa
sin mojarnos, cadera
del universo,
                    rosa
renacedora, renacida:
abre
cada día tus pétalos,
tus párpados,
que la velocidad de tu pureza
extienda nuestros ojos
y nos enseñe a ver ola por ola
el mar
y flor a flor la tierra.

fish leaping
in the sky,
and when
a shuttered
window, a suit,
a dark mountain,
dares
to compete,
to smudge the whiteness,
clear, gushing, bubbling
light
unrolls its water hose
and sprays the insolent
shadow
with white arms,
with tablecloths,
talcum and waves of gold,
with stupendous spume,
with carloads of lilies.

Power
of light maturing in space,
wave that washes over
without wetting us, thigh
of the universe,
                 rose
renewing and renewed:
open
each day your petals,
your eyelids,
that the flash of your purity
may expand our vision
and teach us to see the sea
wave by wave,
and flower by flower, the earth.

ODA AL MAÍZ

América, de un grano
de maíz te elevaste
hasta llenar
de tierras espaciosas
el espumoso
océano.
Fue un grano de maíz tu geografía.
El grano
adelantó una lanza verde,
la lanza verde se cubrió de oro
y engalanó la altura
del Perú con su pámpano amarillo.

Pero, poeta, deja
la historia en su mortaja
y alaba con tu lira
al grano en sus graneros:
canta al simple maíz de las cocinas.

Primero suave barba
agitada en el huerto
sobre los tiernos dientes
de la joven mazorca.
Luego se abrió el estuche
y la fecundidad rompió sus velos
de pálido papiro
para que se desgrane
la risa del maíz sobre la tierra.

A la piedra
en tu viaje, regresabas.
No a la piedra terrible,
al sanguinario
triángulo de la muerte mexicana,
sino a la piedra de moler,
sagrada

ODE TO MAIZE

America, from a grain
of maize you grew
to crown
with spacious lands
the ocean
foam.
A grain of maize was your geography.
From the grain
a green lance rose,
was covered with gold,
to grace the heights
of Peru with its yellow tassels.

But, poet, let
history rest in its shroud;
praise with your lyre
the grain in its granaries:
sing to the simple maize in the kitchen.

First, a fine beard
fluttered in the field
above the tender teeth
of the young ear.
Then the husks parted
and fruitfulness burst its veils
of pale papyrus
that grains of laughter
might fall upon the earth.

To the stone,
in your journey, you returned.
Not to the terrible stone,
the bloody
triangle of Mexican death,
but to the grinding stone,
sacred

piedra de nuestras cocinas.
Allí leche y materia,
poderosa y nutricia
pulpa de los pasteles
llegaste a ser movida
por milagrosas manos
de mujeres morenas.

Donde caigas, maíz,
en la olla ilustre
de las perdices o entre los fréjoles
campestres, iluminas
la comida y le acercas
el virginal sabor de tu substancia.

Morderte,
panocha de maíz, junto al océano
de cantata remota y vals profundo.
Hervirte
y que tu aroma
por las sierras azules
se despliegue.

Pero, dónde
no llega
tu tesoro?

En las tierras marinas
y calcáreas,
peladas, en las rocas
del litoral chileno,
a la mesa desnuda
del minero
a veces sólo llega
la claridad de tu mercadería.

Puebla tu luz, tu harina, tu esperanza,
la soledad de América,
y el hambre

stone of our kitchens.
There, milk and matter,
strength-giving, nutritious
cornmeal pulp,
you were worked and patted
by the wondrous hands
of dark-skinned women.

Wherever you fall, maize,
whether into the
splendid pot of partridge, or among
country beans, you light up
the meal and lend it
your virginal flavor.

Oh, to bite into
the steaming ear beside the sea
of distant song and deepest waltz.
To boil you
as your aroma
spreads through
blue sierras.

But is there
no end
to your treasure?

In chalky, barren lands
bordered
by the sea, along
the rocky Chilean coast,
at times
only your radiance
reaches the empty
table of the miner.

Your light, your cornmeal, your hope
pervades America's solitudes,
and to hunger

considere tus lanzas
legiones enemigas.

Entre tus hojas como
suave guiso
crecieron nuestros graves corazones
de niños provincianos
y comenzó la vida
a desgranarnos.

ODA AL NACIMIENTO
DE UN CIERVO

Se recostó la cierva
detrás
de la alambrada.
Sus ojos eran
dos oscuras almendras.
El gran ciervo velaba
y a mediodía
su corona de cuernos
brillaba
como
un altar encendido.

Sangre y agua,
una bolsa turgente,
palpitante,
y en ella
un nuevo ciervo
inerme, informe.

Allí quedó en sus turbias
envolturas
sobre el pasto manchado.
La cierva lo lamía

your lances
are enemy legions.

Within your husks,
like gentle kernels,
our sober provincial
children's hearts were nurtured,
until life began
to shuck us from the ear.

ODE TO THE BIRTH OF A FAWN

The doe lay on her side
behind
the wire fence.
Her eyes were
two great almonds.
The great buck kept vigil
and in the sun of midday
the crown of his antlers
shone
like
an altar aflame.

Blood and water,
a distended, pulsing
sac,
and in it
a new fawn,
helpless, shapeless.

There it lay in its opaque
wrapping
upon the stained grass.
The doe licked it

con su lengua de plata.
No podía moverse,
pero
de aquel confuso,
vaporoso envoltorio,
sucio, mojado, inerte,
fue asomando
la forma,
el hociquillo agudo
de la real
estirpe,
los ojos más ovales
de la tierra,
las finas
piernas,
flechas
naturales del bosque.
Lo lamía la cierva
sin cesar, lo limpiaba
de oscuridad, y limpio
lo entregaba a la vida.

Así se levantó,
frágil, pero perfecto,
y comenzó a moverse,
a dirigirse, a ser,
a descubrir las aguas en el monte.
Miró el mundo radiante.

El cielo sobre
su pequeña cabeza
era como una uva
transparente,
y se pegó a las ubres de la cierva
estremeciéndose como si recibiera
sacudidas de luz del firmamento.

with her silver tongue.
It couldn't move,
but gradually
from the undefined and
steaming mass,
fouled, wet, defenseless,
the form
emerged,
the finely pointed nose
of regal
pedigree,
oval eyes unrivaled
on the earth,
delicate
legs,
the forest's natural
arrows.
The doe licked it
tirelessly, cleaned it
of its darkness, and pure
delivered it to life.

And so it rose,
fragile but flawless,
and began to move,
to walk, to be,
to look for brooks in the forest.
It gazed upon a radiant world.

The sky above
the tiny head
was a translucent
grape as the fawn
attached itself to the doe's teat,
quivering as if shaken
by light from heaven.

ODA AL DOBLE OTOÑO

Está viviendo el mar mientras la tierra
no tiene movimiento:
el grave otoño
de la costa
cubre
con su muerte
la luz inmóvil
de la tierra,
pero
el mar errante, el mar
sigue viviendo.

No hay
una
sola
gota
de
sueño,
muerte
o
noche
en su
combate:
todas
las máquinas
del agua, las azules
calderas,
las crepitantes fábricas
del viento
coronando
las olas
con
sus violentas flores,
todo
vivo
como

ODE TO TWO AUTUMNS

The sea is alive while the earth
lies dormant:
the somber autumn
of the coast
colors
with its death
the still light
over the land,
but
the roving sea, the sea
is alive.

There is not
one
single
drop
of
sleep,
death
or
night
in its
combat:
all
the machinery
of the water, its blue
vats,
the roaring factories
of the wind
crowning
the waves
with
violent blossoms,
all is
vital
as

las vísceras
del toro,
como
el fuego
en la música,
como
el acto
de la unión amorosa.

Siempre fueron oscuros
los
trabajos
del otoño
en la tierra;
inmóviles
raíces, semillas
sumergidas
en el tiempo
y arriba
sólo
la corola del frío,
un vago
aroma de hojas
disolviéndose
en
oro:
nada.
Un hacha
en el bosque
rompe
un tronco de cristales,
luego
cae
la tarde
y la tierra
pone sobre su rostro
una máscara
negra.

the viscera
of the bull,
as
the fire
of music,
as
the act
of consummated love.

Forever dark have been
the
labors
of autumn
in the earth;
stilled
roots, seeds
buried
in time,
and above,
only
the corolla of the cold,
the vague
aroma of leaves
disintegrating
into
gold:
nothingness.
An ax
in the forest
shatters
a crystal trunk,
then
evening
falls
and the land
covers her face with
a mask of
black.

Pero
el mar
no descansa, no duerme, no se ha muerto.
Crece la noche
su barriga
que combaron
las estrellas
mojadas, como trigo en el alba,
crece,
palpita
y llora
como un niño
perdido
que sólo con el golpe
de la aurora,
como un tambor, despierta,
gigantesco,
y se mueve.
Todas sus manos mueven,
su incesante organismo,
su dentadura extensa,
sus negocios
de sal, de sol, de plata,
todo
lo mueve, lo remueve
con sus arrasadores
manantiales,
con el combate
de su movimiento,
mientras
transcurre
el triste
otoño
de la tierra.

But
the sea
never, rests, or sleeps, it never dies.
Night's belly
swells,
warped
by moist stars
like wheat in the dawn
it swells,
throbs,
and weeps
like a lost
child,
and only with the heat
of dawn's drum
does it awaken,
gigantic,
and begin to stir.
All its hands move into action,
its restless organism,
its long rows of teeth,
its transactions
of salt, sun, silver,
everything is
moved and stirred
by its irresistible
currents,
by the furor
of its motion,
while
on the land
the mournful
autumn
reigns.

ODA A LA PANTERA NEGRA

Hace treinta y un años,
no lo olvido,
en Singapore, la lluvia
caliente como sangre
caía
sobre
antiguos muros blancos
carcomidos
por la humedad que en ellos
dejó besos leprosos.
La multitud oscura
relucía
de pronto en un relámpago
los dientes
o los ojos
y el sol de hierro arriba
como
lanza implacable.
Vagué por las calles inundadas
betel, las nueces rojas
elevándose
sobre
camas de hojas fragantes,
y el fruto *Dorian*
pudriéndose en la siesta bochornosa.
De pronto estuve
frente a una mirada,
desde una jaula
en medio de la calle
dos círculos
de frío,
dos imanes,
dos electricidades enemigas,
dos ojos
que entraron en los míos
clavándome

ODE TO A BLACK PANTHERESS

Thirty-one years ago
in Singapore
—I still remember—
blood-warm
rain
was falling
on ancient
white walls
pocked and pitted
by humid, leprous kisses.
Suddenly a flash
of teeth
or eyes
would light
the dark multitude,
while overhead
a leaden sun cast down
its inexorable spear.
I wandered teeming alleyways:
betel, the red nut,
couched on beds of
fragrant leaves,
through the sweltering siesta
the *dorian* fruit
decayed.
Two eyes stopped me,
a stare, a gaze,
a cage
in the middle of the street;
two icy
circles,
two magnets,
twin points
of hostile electricity,
two piercing eyes
transfixed me,

a la tierra
y a la pared leprosa.
Vi entonces
el cuerpo que ondulaba
y era
sombra de terciopelo,
elástica pureza,
noche pura.
Bajo la negra piel
espolvoreados
apenas la irisaban
no supe bien
si rombos de topacio
o hexágonos de oro
que se traslucían
cuando
la presencia
delgada
se movía.
La pantera
pensando
y palpitando
era
una
reina
salvaje
en un cajón
en medio
de la calle
miserable.
De la selva perdida
del engaño,
del espacio robado,
del agridulce olor
a ser humano
y casas polvorientas
ella
sólo expresaba
con ojos

nailed me to the ground
before the leprous wall.
Then
I saw
undulating muscle,
velvet shadow,
flexed perfection,
incarnate night.
Blinking in that black pelt,
dusting it with iridescence,
either—I never knew for sure—
two topaz lozenges
or hexagons of gold
that glittered
as
the
lissome
presence
stirred.
A
pensive,
pulsating
pantheress;
a
savage
queen
caged
in the middle
of the miserable
street.
Of the lost jungle
where she knew deceit,
of her freedom, lost forever,
of the acrid, sweetish odor
of human creatures
and their dusty dwellings,
only
mineral
eyes

minerales
su desprecio, su ira
quemadora,
y eran sus ojos
dos
sellos
impenetrables
que cerraban
hasta la eternidad
una puerta salvaje.

Anduvo
como el fuego, y, como el humo,
cuando cerró los ojos
se hizo invisible, inabarcable noche.

ODA AL PÍCARO OFENDIDO

Yo sólo de la bruma,
de las
banderas
del invierno
marino, con su niebla,
traspasado
por la soberanía
de las olas,
hablé,
sólo de aquellas
cosas que acompañaron
mi destino.

El pícaro elevó
su nariz verde,
clavó su picotazo
y todo siguió como
había sido,

revealed
her scorn,
her
scathing rage,
two
jewel–like seals
that closed
until eternity
a savage
door.

She moved like fire,
and when she closed her eyes,
like smoke she disappeared,
invisible, elusive night.

ODE TO AN OFFENDED PICARO

I wrote only of mist,
of the
banners
of the winter
sea, with its fog,
penetrated
by the sovereignty
of the waves,
only
of those things
that were a part of
my destiny.

The picaro raised
his envious nose and
struck a blow with his beak,
but everything continued as
before,

la bruma, el mar,
mi canto.

Al amor, a su caja
de palomas,
al alma y a la boca
de la que amo,
consagré
toda palabra, todo
susurro, toda tierra,
todo fuego en mi canto,
porque el amor
sostengo
y me sostiene
y he de morir amándote,
amor mío.

El pícaro esperaba
en las esquinas turbias
y eruditas
para clavar su infame
dentadura
en
el
panal
abierto
y rumoroso.

Todo siguió como era, como deben
ser las cosas eternas,
la mujer
con su ramo
de rocío,
el hombre con su canto.
En el camino
el pueblo
iba desnudo
y me mostró
sus manos

the fog, the sea,
my song.

To love, to its crate
of doves,
to the soul and the lips
of the woman I love,
I dedicated
every word, every
whisper, all the earth,
all the fire in my song,
because I sustain
love
and it sustains me,
and I will die loving you,
my love.

The picaro waited
on his dark erudite
street corners
to sink his infamous
teeth
into
the
open
buzzing
honeycomb.

Everything remained the same, as
eternal things should,
the woman
with her dewy
bouquet,
the man with his song.
Along the road
ordinary folk
walked naked
and showed me
their hands

desgarradas
por aguas y por minas.
Eran
aquellos
caminantes
miembros de mi familia:
no era mi sangre,
sol,
ni flor,
ni cielo:
eran aquellos hombres
mis hermanos
y para ellos
fue
la inquebrantable
materia de mi canto.

El pícaro con otros
adheridos
cocinó en una marmita
sus resabios,
los preparó con odio,
con recortes
de garras,
estableció oficinas
con
amigos
amargos
y produjo
sangrienta y polvorienta
picardía.

Entre olas
que llenaban
de claridad y canto el universo,
de pronto me detuve
y dediqué una línea
de mi oda,
una sola

ravaged
by rain and mines.
They were,
those
travelers,
members of my family:
my blood was not
sun,
or flower,
or sky;
they were, those men,
my brothers
and for them
was
the indestructible
substance of my song.

The picaro and assorted
sycophants
simmered vile brews
in his kettle,
he stewed them with hatred,
with clippings
from claws,
he set up offices
with
frustrated
friends
and produced
a bloody and dusty
villainy.

Between waves
that flooded
the universe with light and song,
I paused suddenly
to dedicate a line
of my ode,
a single

sentencia,
apenas
una
sílaba
al contumaz y pícaro
enemigo
—en tantos años un solo saludo—
el golpe de la espuma
de una ola.

Y enloqueció
de pronto
el pícaro
famoso,
el viejo ofendedor
se declaró
ofendido,
corrió por las esquinas
con su lupa
clavada
al
mínimo meñique de mi oda,
clamó ante los autores
y las autoridades
para que todo el mundo
me
desautorizara,
y cuando
nadie
se
hizo parte
de sus lamentaciones
enfermó de tristeza,
se hundió en la más letárgica
de las melancolías
y sólo de su cueva
sale a veces
a llenar oficinas con suspiros.

sentence,
barely
a
syllable,
to my contumacious and villainous
enemy
—in so many years, a single remark—
the breath of the froth
of a wave.

Instantly
he went berserk,
this famous
picaro,
the former offender
declared himself
offended,
he ran through the streets
with his magnifying glass
glued
on the
little finger of my ode,
he railed before authors
and authorities
hoping everyone
would de-authorize
me,
but when
no
one
joined in
his lamentations,
he became ill with grief,
he sank into the most lethargic
of melancholies,
and only occasionally emerges
from his cave
to fill offices with sighs.

Moraleja:
no ofendas al poeta distraído
semana por semana, siglo a siglo,
porque de pronto puede
dedicarte un minuto peligroso.

ODA AL VIEJO POETA

Me dio la mano
como si un árbol viejo
alargara un gancho
sin
hojas y sin frutos.
Su
mano
que escribió desenlazando
los hilos y las hebras
del
destino
ahora estaba
minuciosamente
rayada
por los días, los meses y los años.
Seca en su rostro
era
la escritura
del tiempo,
diminuta
y errante
como
si allí estuvieran
dispuestos
las líneas y los signos
desde su nacimiento
y poco a poco

Moral:
do not insult the distracted poet
week after week, century after century,
because suddenly he may devote
one perilous minute to you.

ODE TO AN AGED POET

He offered me his hand
the way an old tree might
extend a broken branch
stripped
of leaves and fruit.
The
hand
that once wrote, spinning
the thread and strands
of
destiny,
now was
intricately
scored
by days, months, and years.
Sere on his face
was
the writing
of time,
minute
and meandering
as if
the lines
and signs
had been ordained
at birth
and little by little

el aire
las hubiera erigido.

Largas líneas profundas,
capítulos cortados
por la edad en su cara,
signos interrogantes,
fábulas misteriosas,
asteriscos,
todo lo que olvidaron las sirenas
en la extendida
soledad de su alma,
lo que cayó del
estrellado cielo,
allí estaba en su rostro
dibujado.
Nunca el antiguo
bardo
recogió
con pluma y papel duro
el río derramado
de la vida
o el dios desconocido
que cortejó su verso,
y ahora,
en sus mejillas,
todo
el misterio
diseño
con frío
el álgebra
de sus revelaciones
y las pequeñas,
invariables
cosas
menospreciadas
dejaron
en su frente
profundísimas

air
had etched them.

Long deep lines,
chapters carved
in his face by age,
question marks,
mysterious tales,
asterisks,
all that the sirens had forgot
in the far-reaching
solitude of his soul,
all that fell from the
starry sky,
was traced in his
face.
Never had the ancient
bard
captured
with pen and unyielding paper
the overflowing river
of life
or the unidentified god
that flirted with his verse,
and now,
on his cheeks,
all that
mystery
coldly
drafted
the algebra
of its revelations,
and the humble,
unchanging
things
he had scorned
imprinted
on his brow
their most profound

páginas
y
hasta
en su
nariz
delgada,
como pico
de cormorán errante,
los viajes y las olas
depositaron
su letra
ultramarina.
Sólo
dos piedrecitas
intratables,
dos ágatas
marinas
en aquel
combate,
eran
sus ojos
y sólo a través de ellos
vi la apagada
hoguera,
una rosa
en las manos
del poeta.

Ahora
el traje
le quedaba grande
como si ya viviera
en una
casa
vacía,
y los huesos
de todo
su cuerpo se acercaban
a la piel

pages,
and
even
on his
nose
thin
as the beak
of the errant cormorant,
voyages and waves
had sketched
their ultramarine
scrawl.
Two
unfriendly
pebbles,
two
ocean agates
in that
combat,
were
his eyes,
and only through them
did I see the extinguished
fire,
a rose
in the poet's
hands.

Now
his suit
was much too large,
as if he were already living
in an
empty
house,
and all
the bones
of his body were visible
beneath his skin,

levantándola
y era
de hueso,
de hueso que advertía
y enseñaba,
un pequeño
árbol, al fin, de hueso,
era el poeta
apagado
por la caligrafía
de la lluvia,
por los inagotables
manantiales del tiempo.
Allí le dejé andando
presuroso a su muerte
como
si lo esperara
también casi desnuda
en un parque sombrío ·
y de la mano
fueran
hasta
un desmantelado dormitorio,
y en él durmieran
como dormiremos
todos
los hombres:
con
una rosa
seca
en
una
mano
que también cae
convertida en polvo.

skin draped on bone,
he was nothing but
bone,
alert and instructive
bone,
a tiny
tree, finally, of bone,
was the poet
quenched
by the calligraphy
of the rain,
by the inexhaustible
springs of time.

There I left him
hurrying toward death
as if
death awaited,
she too, almost naked,
in a somber park,
and hand in hand
they would make
their way to
a decaying resting place
where they would sleep
as every man
of us
will sleep:
with
a dry
rose
in
a
hand
that will also
crumble into dust.

ODA A LA SAL

Esta sal
del salero
yo la vi en los salares.
Sé que
no
van a creerme,
pero
canta,
canta la sal, la piel
de los salares,
canta
con una boca ahogada
por la tierra.
Me estremecí en aquellas
soledades
cuando escuché
la voz
de
la sal
en el desierto.
Cerca de Antofagasta
toda
la pampa salitrosa
suena:
es una
voz
quebrada,
un lastimero
canto.

Luego en sus cavidades
la sal gema, montaña
de una luz enterrada,
catedral transparente,
cristal del mar, olvido
de las olas.

ODE TO SALT

This salt
in the saltcellar
I once saw in the salt mines.
I know
you won't
believe me,
but
it sings,
salt sings, the skin
of the salt mines
sings
with a mouth smothered
by the earth.
I shivered in those
solitudes
when I heard
the voice
of
the salt
in the desert.
Near Antofagasta
the nitrous
pampa
resounds:
a
broken
voice,
a mournful
song.

In its caves
the salt moans, mountain
of buried light,
translucent cathedral,
crystal of the sea, oblivion
of the waves.

Y luego en cada mesa
de este mundo,
sal,
tu substancia
ágil
espolvoreando
la luz vital
sobre
los alimentos.
Preservadora
de las antiguas
bodegas del navío,
descubridora
fuiste
en el océano,
materia
adelantada
en los desconocidos, entreabiertos
senderos de la espuma.
Polvo del mar, la lengua
di ti recibe un beso
de la noche marina:
el gusto funde en cada
sazonado manjar tu oceanía
y así la mínima,
la minúscula
ola del salero
nos enseña
no sólo su doméstica blancura,
sino el sabor central del infinito.

ODA A LAS TORMENTAS DE CÓRDOBA

El pleno mediodía
refulgente
es una

And then on every table
in the world,
salt,
we see your piquant
powder
sprinkling
vital light
upon
our food.
Preserver
of the ancient
holds of ships,
discoverer
on
the high seas,
earliest
sailor
of the unknown, shifting
byways of the foam.
Dust of the sea, in you
the tongue receives a kiss
from ocean night:
taste imparts to every seasoned
dish your ocean essence;
the smallest,
miniature
wave from the saltcellar
reveals to us
more than domestic whiteness;
in it, we taste infinitude.

ODE TO THE STORMS OF CÓRDOBA

Resplendent high noon
gleams
like a

espada de oro,
de pronto
cae un trueno
como una
piedra
sobre un tambor de cuero rojo,
se raja el aire
como
una bandera,
se agujerea el cielo
y toda su agua verde
se desploma
sobre la tierra tierra
tierra tierra
tachonada
por las ganaderías.
Ruidosa es la aventura
del agua desbocada
en las alturas:
parece que corrieran
caballos en el cielo,
caen montañas blancas,
caen sillas, sillones
y entonces
las centellas
arden, huyen, estallan,
el campo tiembla a cada
latigazo celeste,
el rayo
quema
solitarios
árboles
con fósforo de infierno
mientras
el agua
convertida en granizo
derriba muros, mata
gallineros,
corre asustada la perdiz, se esconde

golden sword,
suddenly
thunder rumbles
like a
rock dropped
on a red drumhead,
the air is rent
like
a banner,
the sky is pierced
and all its green water
pours down
on the earth earth
earth earth
studded
with herds.
Riotous is the adventure
of water spurting
from above:
you would think that horses
were galloping across the sky,
white mountains fall,
chairs and armchairs fall,
and then
the lightning
blazes, leaps, flashes,
the fields tremble beneath each
celestial lash,
thunderbolts,
brand
solitary
trees
with the phosphorus of hell,
while
water
now hail
demolishes walls, washes out
hen coops,
flushes frightened partridges, sends

en su recámara el hornero,
la víbora atraviesa
como lento relámpago
el páramo buscando
un agujero, cae
un halcón
golpeado
por la piedra celeste
y ahora
el viento de la sierra
gigantesco,
rabioso,
corre
por la llanura
desatado.
Es un
gigantesco demente
que se escapó de un cuento
y con brazos en cruz
atraviesa, gritando, las aldeas:
el viento loco
ataca
los duros algarrobos,
rompe
la cabellera
de los dulces sauces,
suena
como
una
catarata
verde,
que arrastra
barricas y follajes,
carretas de cristal, camas de plomo.
De pronto
vertical
regresa
el día
puro,

the ovenbird to its chamber;
a serpent slithers
like slow lightning
across the ground, seeking
a hole, a falcon
falls
battered
by celestial pebbles,
and now
the wind off the sierra,
gargantuan,
rabid,
roars
unleashed
across the plain.
The wind is a
gigantic madman,
escaped from some tale,
with arms outstretched, it
blusters through the villages:
this mad wind
assaults
stalwart carob trees,
tears at
the hair
of gentle willows,
booms
like
a
green
waterfall
dragging
tree limbs and barrels,
crystal carts, and lead bedsteads.
Suddenly
the vertical
clear
day
returns,

azul es su madeja,
redonda la medalla
del sol encarnizado,
no se mueve
una hoja,
las cigarras
zumban como sopranos,
el cartero
de Totoral reparte
palomas de papel en bicicleta,
alguien sube
a un caballo,
un toro muge,
es verano,
aquí, señores,
no ha
pasado
nada.

its tousled locks are blue,
round is the medallion
of the blood-red sun,
not a leaf
is stirring,
cicadas are
shrilling like sopranos,
the mailman
from Totoral, on his bicycle,
delivers his paper doves,
someone mounts
a horse,
a bull bellows,
it is summer
here, gentlemen,
nothing
has
happened.

Designer: U.C. Press Staff
Compositor: Prestige Typography
Text: 10/12 and 10/13 Bembo
Display: Bembo
Printer/Binder: Maple-Vail Book Mfg.